風の音に惹かれて

東日本大震災とドイツ放浪

パイプオルガニスト
紙屋信義

自分流文庫

はじめに

「あなたは、なぜ東京の大学教員を辞めて一人で、ここにいるのですか？」

「東京都心で本物のパイプオルガン教室を経営し、オルガニストとして活動し、全てを捨ててドイツへ移住したのに、どうして日本へ舞い戻って来たのですか？」

いろいろな方から、このような質問を受けることが多い。これを説明するために話し出すと長くなるので、この本を執筆することにした。


「人は何のために生きるのか」

「人は何のために働くのか」

普段考えることのない生きる意味、働く意味を深く考えさせられるようになった。それは人生の挫折を味わったからである。


約二十年前、南西ドイツでメルセデス・ベンツとポルシェ本社のある街、シュトゥットガルト音楽大学での、パイプオルガンの学びを終え日本に帰国した。

「日本においてパイプオルガンで生計を立てるのは大変である」

帰国当初は多少の苦労はあったものの、大学教員の職を得て、

「一生安泰！」

と意気軒昂に、音楽教育とパイプオルガンに関わる仕事をスタートさせた。

東京駅から電車で十分程度の都心の下町で、昔は人形、最近はビーズとアクセサリーパーツの問屋街として知られる浅草橋に、本物のパイプオルガンをドイツから取り寄せた。パイプ総数七百本、十一レジスター（音栓）、三段鍵盤、高さ二・七メートル、幅二・五メートル、奥行一・六メートルの小型ながらも、様々な時代の音楽を奏でることができた。

この浅草橋に二十坪ほどの土地を手に入れ、ささやかながらも日本では珍しいパイプオルガン教室を建てた。三人の娘が与えられ家庭的にも恵まれた。

「まさに人生、順風万帆！」

人並みの幸せな人生を歩んでいた。

そんな平和な日々に突如として、東日本大震災と原発事故という、今までに経験したこともない、想像すらできなかった事件が起きた。直接、被災しなかったものの、この震災がきっかけとなって、人生が暗転していく。

震災による原発事故の恐怖は身近に感じられ、マスコミの影響も相まって、私は過剰反応するようになった。特に原発事故に対する疑心暗鬼から、

「いつしか日本を離れたい」

と現実逃避するようになった。

以前に留学を経験し、楽しい思い出いっぱいのドイツへ、家族で移住することを夢見るようになった。


震災で多くの人命が奪われ、悲しい思いをしている人が大勢いた。家も土地も全て奪われて、復興のために日夜奮闘している人も大勢いた。原発事故のために命の危険を顧みず、原発事故処理を率先して行う、労働者や東京電力の職員さえ大勢いた。

本当に原発事故の放射線の影響が深刻であるなら、福島とその周辺や私が住んでいた東京、首都圏には、人っ子一人誰も住めないことになる。それはもちろん自分自身の単なる思い込みに過ぎなかった。そのことは人生が音を立てて崩れていく序章となった。

所詮、逃げの気持ちからは、何も生まれない。そして物事の解決にならないことは、明白である。私は今まで約二十年間積み上げてきた日本での業績と天職を捨て、家と土地、パイプオルガンを手放した。

ドイツ移住は達成し、何とか子供達をドイツの小学校に入学させたものの、ドイツで就職することは叶わなかった。滞在ビザもやっとの思いで取得したものの、ドイツでは全てが嚙み合わず空回り状態であった。

経済的な困窮と将来への不安、仕事が無いことへの絶望から、せっかく手にした夢のドイツ移住を自ら断念してしまう。
私は再び一人で日本へ戻って、大学教員への再就職を試みた。一旦全てを捨てて逃げ出した私に待っていたのは、今までに味わったことのない日本での厳しい現実と試練の連続となる。

私の周りに起こった出来事と、私の取った行動の是非ではなく、東日本大震災の原発事故をきっかけにして、家族でドイツ移住を選択した事実がここにある。ドイツへ行ったものの全てうまくいかず、人生のどん底を味わい、再び日本へ舞い戻って来た私がここにいる。

ドイツ移住は、まさに人生の放浪の始まりであった。しかし、そのことを通して多くのことを学ぶことができた。また思い込みや洗脳の恐ろしさも身をもって体験した。
東日本大震災から五年が経過し、人々の脳裏から忘れ去られようとしている今日。その震災を契機にして、人生の選択をし、放浪した人間がいたことを、気軽に読んでいただければ幸いである。

「この本を手に取ってくださり、ありがとうございます」

目次

第一章　パイプオルガンと東日本大震災

1．鳴らないオルガン

京都市山科区は、京都市街の東部に位置する、滋賀県堺の山に囲まれた盆地で、京都の中心地とは趣を異にする。その昔は東海道の街道町として、現在は京都市街地や大阪のベッドタウンとして交通の要所である。

その山科駅前に、約二十年前に建った複合ビル、

「山科ラクト」

がある。一階から四階までのアトリウムには、エスカレーターが剝き出しになり、一面を見渡すことができる大理石調のエントランスホールがある。吹き抜けの三階の部分の台座にパイプオルガンが位置し、四階までの高さで陣取っている。

この威光を放つパイプは、鉛と錫の合金でできている。

通りすがりの人の多くは、

「本物のパイプオルガンがある！」

と思っているだろう。しかし、その正体は金属パイプがダミーで、実際は、この裏にあるスピーカーから音が鳴る、

「パイプオルガンの形をした電子オルガン」

である。

　日本の教会や結婚式場の多くは、このダミーパイプを使った電子オルガンがほとんどで、専門家の間では、

「チャーチオルガン」

と呼んで、本物のパイプオルガンとは区別している。ヨーロッパにおいて、

「オルガン」

と言うと、

「パイプオルガン」

を指すが、日本では、

「足踏みのリードオルガン」

「エレクトーン（ヤマハの登録商標）」

をイメージする人が多いのではないか。

　約二十年前、南西ドイツのシュトゥットガルト音楽大学で、パイプオルガンを学ぶために約四年間、留学していたことを思い出す。日本へ帰国当初は、仕事がなく結婚式場でアルバイトをしていた。

その東京にあった多くのオルガンも、ダミーパイプ付きの電子オルガンであった。音は本物のパイプオルガンの音をサンプリングしている。

「本物のパイプオルガンがある！」

と勘違いする人も多い。やはり人工的な電子音は、本物のパイプが笛のように鳴る、

「風の音」

ではない。

本物のパイプオルガンは、一つのパイプ（管）から一つの音しか出ない。パイプに風を送ることによって音が鳴り、原理はリコーダー（笛）と同じである。まさに
「風の楽器」

である。

表面に見えているのは、ごく一部分で、多数のパイプは裏に隠れている。大型のパイプオルガンになると、五千本以上のパイプが並んでいる。そのパイプの音列を組み合わせ、重ねることによって、あの重厚な音を響かせることができる。

先日、このラクトのパイプオルガンに見える電子オルガンを、弾かせてもらいたいと思い問い合わせてみた。

「私はオルガニストです。エントランスにある、あのオルガンを、弾かせていただけませ

んか？」

「あのオルガンなのですが・・・。実は誰のもので、誰が管理しているかもわかりません。しかも、ここ数年、全く弾かれていません」

結局この楽器の担当者すら、はっきりせず、誰の持ち物であるか、わからなかった。

「それに修理しないと音が出せませんし・・・」

とても楽器を弾くことができる状態ではない。

同じように関西で約十ヶ所の本物のパイプオルガンのある音楽ホールにオルガンの演奏を提案したが、返事すら返って来なかった。

この現状は、日本のパイプオルガンの現実でもある。

「約一千台の本物のパイプオルガンが日本全国にある」

と言われている。

しかし、その大半は使われておらず、装飾品などの置物と化している。例え使われているにしても、月に一、二度程度であろう。その殆どの楽器は、一九九〇年代のバブル崩壊までに建てられた産物である。

大きさによっても異なるが、安くても数千万円はする。従って公共施設にあるパイプオルガンは、税金によって設置されたことになる。

「使われていないということは、税金の無駄遣いである」

と私は思う。

この楽器の寿命は長く、ドイツでは数百年前のバッハ時代のオルガンが、今でも普通に使われている。日本での、このように眠っている楽器は、本当にもったいない話である。

毎年、全国の音楽大学で十人程度のパイプオルガンを専攻する学生が卒業している。その学生がオルガニストとして日本において生計を立てられるようになるのは、ほとんど皆無である。他の仕事をするか、外国に行くしかない。これが日本のオルガンを取り巻く厳しい現状である。


この駅ビルから、私のマンションまでは歩いて五分ぐらいの所にあった。さすが京都だけあって、

「古い街並みを保存する」

ということなのか、木造の間口の低い家が立ち並ぶ。人と車のすれ違うのがやっとの道を通りながら我が家へ向かう。

他の街のように区画整備されている訳でもなく、電信柱が道の途中から至る所ではみ出している。人と車と自転車と電柱が混在した道を、掻き分けながら歩いて行かなければ、私の家には辿り着けない。

ここに住むまで私は、京都へは観光で何度か来たことはあった。実際に住んでみると、たくさんの発見がある。観光地と言われる場所は良く整備され、昔ながらの風情や情緒を醸し出している。しかし一歩裏路地へ入ってみると道は狭く、典型的な古い日本家屋が立ち並び、様々な建築物が混在している。

建築制限があるからか、日本の古い街並みは、特に裏路地が曲がりくねっている。路面の舗装も凹凸が多く、車道と歩道の区別がない所も至る所に見られる。

ネオンは少なく、照明は最近流行のＬＥＤではなく蛍光灯が中心で、街全体が昭和の時代を思い起こさせる雰囲気である。また看板に制限があるからか、他の都市より小さく、色使いが地味で目立たない。

伝統を守ることを優先させ、街自体があまり機能的でないが、古いもの好きには堪らないだろう。

「本音と建て前を使い分ける」

京都の人に対する評価を聞くことがあった。日本の伝統を守り続けている街なので、とても保守的に感じられる。

関西の漫才に代表されるように、話を面白くする傾向が強いが、オチを付けなくてはならないような雰囲気に、いささか戸惑うこともある。あまり周囲を気にしない大らかさも感じる。

「楽しくても大声には気をつけないとね」

ＪＲ西日本のポスターであるが、関東では見たこともない。

私のように地方出身者で東京に長い間住んで、関西に来た人を、

「東京かぶれ」

と言って笑っていた。

車を運転していると、道が狭いためか、割り込みや先走りが多いようにも感じる。家の前にある信号無しの横断歩道で渡ろうと思って待っていても、日が暮れるだろう。

私はエレベーターや入口の扉では、レディーファーストで女性や子供を先に通すようにしている。また施設などの手動の扉では、後から来る人に手で支えるなど配慮したい。


「おおきに！」

京都でよく耳にする言葉である。いつでもどこでも、感謝の気持ちを持って人と接することが大切であると、京都の街に住んで、より一層心から感じるようになった。

特に女性や年配に好まれる京都。

「京都はいい」

世界に誇る観光都市。私は住んでみて初めて京都の、いろいろな側面を感じることができた。

先日、長女の誕生日プレゼントをドイツへ郵送したが、

「住所不定」

で荷物が送り返されてきた。

「携帯電話の解約通知を、ドイツの住所に郵送しましたが、返送されて来ました」

携帯会社から連絡があった。

　友人で作曲家の菅野君からメールで連絡があった。

「ドイツの家へ電話しようとしたが、連絡が取れない」

約二年間、ドイツへ残して来た家族とは音信不通になり、居場所すらわからず、行方不明の状態になってしまった。

　かつては娘三人に囲まれ、家庭にも恵まれ、人生寂しいと思ったことは、ほとんどなかった。ここ京都では一人になったということもあり、とても寂しい。街自体も慣れ親しみ気が紛れる東京に比べて哀愁を感じる。

「子供達と会いたい」

　しかし人生、自分の思い通りにはならない。

　人生、山あり谷あり、いいこともあれば、そうでないことも起きる。この東日本大震災

をきっかけに、究極の選択をして、私の放浪が始まった。ここ京都山科にて一人寂しく人生を振り返る自分がいた。

2．生い立ち

長崎県佐世保市は、私の故郷である。父は中学校の教員をしており、長崎県北部の佐賀県堺である福島という離島に住んでいる時に、私は佐世保市の病院で生まれた。両親は父の暴力が原因で、私の幼い頃から不仲が続いていた。母は父からの暴力から逃れるために一歳の私を連れて、福島の家を飛び出し、長崎県諫早市、さらに九州内では長崎県から一番遠い宮崎市へと逃げた。

それから四年後、結局、両親は離婚を選ばず、再び同居することとなる。長崎県西部の半島にある西彼町、大瀬戸町、東シナ海に面した隠れキリシタンの離島、生月（現在は架橋され平戸市）という長崎県の田舎を転々として暮らした。

私が小学校一年生の時に弟が生まれた。弟は生まれつき知的障がいがあったが、高校までは何とか卒業できた。私は小学校五年生から高校卒業し浪人まで父が家を建てた佐世保で過ごすことになる。

現在、定年退職した父は躁鬱を繰り返し、病院に、すでに七年以上入院中である。唯一の弟は、成人して統合失調症を併発し、今も障がい者福祉施設と精神科とを行き来している。母は、佐世保の実家で一人暮らしである。

「パイプオルガンを始めたきっかけは何ですか？」

良く聞かれるフレーズである。日本でパイプオルガンをやることは珍しいからである。

私は幼い頃から音楽家になるのが夢であった。

幼稚園では友達と遊ぶことよりも、教室に置いてあった足踏みオルガンから離れられず、先生に音楽教室に通わせることを勧められた。同じ幼稚園の放課後を使って行われていたカワイ音楽教室の手鍵盤のみの電気オルガン教室に通うことが、私の音楽教育の始まりである。

小学校二年生から三年間、父の転勤で長崎県北西部の平戸島から更に北の離島、生月島に住むこととなり、そこのヤマハ音楽教室でピアノを習い始めた。それでも高価なピアノは、なかなか買ってもらえず、小学校一年生の時に買ってもらった電気オルガンを、中学生の頃まで練習で使っていた。

小学校五年生で長崎県第二の都市、佐世保に引っ越して来た。小学校の卒業アルバムには、

「将来の夢は大作曲家になることです！」

その夢は、いつしか、

「指揮者になること」

に変わり、東京芸術大学の指揮科を目指したが、夢破れて、大学浪人することとなった。同級生で一年先に武蔵野音楽大学の歌科に通っていた浅井君の影響で、パイプオルガンをやってみたいと思うようになった。

私の家庭事情もあり浪人生活は一年しか無理で、何としても音楽大学に入学しなければならなくなった。実家の佐世保から一番近く、ピアノでパイプオルガン専攻を受験でき、比較的学費も安かった広島のエリザベト音楽大学に入学することとなった。

父の中学校教員としての給料だけでは音楽大学は無理であったので、母は私を音楽大学に通わせるために内職とパートに出て、学費と生活費を工面してくれた。その親の愛は一生忘れることはできない。

更に東京でパイプオルガンの勉強を続けたくなり、武蔵野音楽大学大学院オルガン科に

進学した。パイプオルガンの勉強は日本では限界だと感じ、南西ドイツのシュトゥットガルト音楽大学に留学することとなった。

「パイプオルガンを選んだきっかけは？」
と聞かれたら、
「幼い頃から母方の祖母に連れられて、プロテスタントの日曜学校に通っており、中学校三年の時に佐世保ナザレン教会で洗礼を受け、キリスト教会音楽に興味があった」
からである。

その教会には足踏みオルガンしかなく、教会のイメージであるパイプオルガンへの憧れは強かった。それと浅井君の影響でパイプオルガンを大学で専攻し、現在までパイプオルガンに関わって来た。

パイプオルガンは、両手両足の踵と爪先を使って演奏するため、専用の練習楽器はもちろん、専用のオルガンシューズが必要である。使用楽譜は、ピアノで用いられる右手左手の大譜表と呼ばれる二段楽譜の下に、足鍵盤を付けた三段の楽譜を使って演奏する。

時には両手で弾くような早いパッセージ（メロディー）を両足で弾くこともしばしばで、ピアノとは違った演奏技術と訓練が必要である。従ってピアノが弾けるからといって、パイプオルガンが弾けるわけでもない。その逆、つまりオルガンを弾くには、ピアノのテクニックは最低限必要である。

私の幼い頃から身に付けて来たピアノのテクニックは、パイプオルガンでも生かされることとなった。


一九九二年夏から一九九五年秋まで南西ドイツ、黒い森地方の州都シュトゥットガルト音楽大学でパイプオルガンを学ぶために留学した。その経験は、それからの私の人生を決定づける大切な時期となった。佐世保が第一の故郷だとすると、シュトゥットガルトは第二の故郷で、心の拠り所的な存在となった。

日本での音楽の勉強に限界を感じ、クラシック音楽の本場で、もっと本格的に勉強したいと思った。バッハなどの大作曲家を輩出した西洋芸術音楽の本場、ドイツである。


当時、私のドイツ語能力は、大学の授業と東京ゲーテ・インスティテュート語学学校へ一年間通った程度であった。現地へ着くとドイツ語も英語も全く聞き取れず、話すこともままならない状態であった。

誰も知り合いのいない初めての海外で、頼りは紹介されたパイプオルガン教授ヤコブ先生のみであった。着いていきなり音楽大学の入試を受けることとなったが、

「もし不合格だったら日本へ帰ろう」

と思って試験に臨んだ。何も分からないまま無我夢中で実技試験を終えることができ、その日のうちにヤコブ先生から合格が伝えられた。

自分としては完璧でなかったが、ヤコブ先生は、

「あなたの将来性を評価した」

と、私のことを買ってくださり、ドイツ人の寛大さに感動した。

同じヤコブ門下のドイツ人先輩から、住まいや教会での練習場所を紹介してもらい、学生ということで、かなり安い家賃で部屋を借りることができた。当時、学費は無料で、半期、日本円換算で五千円程度の学生会費と、毎月三千円程度の健康保険料を払った。その掛金で医療費は、全て無料だったので有難かった。

食費も日本に比べると安く、月十万円程度の仕送りで貯金ができた。休暇中はヨーロッパ中を旅行できるくらい余裕があった。このように学生は優遇され至れり尽くせりで、ドイツ人の税金で勉強させてもらっている身分を感謝する程であった。

このドイツ留学中いろいろな出来事があったが、今はただ全てが懐かしく思い出される。卒業後は、さらにドイツで勉強を続けて、現地で教会音楽家になる道もあった。

しかし当時は、

「ドイツはパイプオルガン音楽が浸透し成熟しており、パイプオルガン不毛の地である日本へ帰ることがベストである」

と考えた。

「パイプオルガンを広めるため、日本のどこかで弾ければいい」

と、漠然とした思いで帰国することを選択した。

帰国当初、音楽の仕事は全くなく、ファストフード店や事務職のアルバイトをしながら、結婚式場や教会でオルガンを弾くようになった。しかし日本のオルガンの大半は、前述のように本物のパイプオルガンではない、

「チャーチオルガン」

と呼ばれるパイプオルガンの音を模倣した電子オルガンである。


一九九六年四月に東京の短期大学の非常勤講師の職を得て三年間勤めた。その間に音楽教室や小学校でピアノも教えた。その後、国立大学、新設大学、私立大学の教育学部で音楽の専任教員として働いた。

パイプオルガンは東京、府中の森芸術劇場の市民講座と滋賀県、安土文芸セミナリヨで教えた。こういった市民講座では、

「日本人にとって珍しい楽器を弾ける」

ということで受講希望者は多かった。

それでも、なかなか本物のいい楽器が身近にない。継続したくても二年から三年の限られた期間内の習い事である。いつでも本物のパイプオルガンが使えて習える訳ではない。

私は、いつも日本の厳しいパイプオルガンの現状を痛感していた。この厳しい音楽環境から、

「いつでも好きな時に、本物のパイプオルガンが弾け、習える環境を作りたい」

と思っていた。

3．パイプオルガンの思い出

楽器の女王（ドイツ語で女性名詞）として称されるパイプオルガンは、多くのパイプに空気を通して音を出す楽器である。一本のパイプで出せるのは一音のみで、楽器の表に見えるパイプは、ごく一部分だけで、その裏に大小様々な形と素材のパイプが並んでいる。

その起源は古く、ギリシャ神話に登場する葦を束ねて吹く、

「パンフレーテ」

であるといわれている。紀元前三世紀には、現在の原型となる水圧式オルガン、「ヒュドラウリス」が誕生する。当時のパイプオルガンは屋外で、競技会などで使われていた。やがて教会の楽器として、ルネッサンス時代にヨーロッパ全土に広まり、十七世紀から十八世紀前半にかけて全盛を極めた。

国や時代によって様式が異なり、ドイツのＪ・Ｓ・バッハに代表される、「バロック・オルガン」

十九世紀になるとオーケストラの音色を模倣した、「ロマンティック・オルガン」

フランス・ロマン派の風圧の高い、「シンフォニック・オルガン」

などがある。

音の種類として、

「プリンチパル系」

パイプオルガンらしい基本的な良く響く音色である。

「フルート系」

プリンチパル系より太いパイプを通して音が鳴り、倍音（音の成分）が豊かで、柔らかく温かな音色である。

「ストリング系」

細めのパイプから音が鳴り、ヴァイオリンやチェロのような弦楽器の音色である。

「リード系」

薄い金属片の振動により音が鳴り、トランペットやオーボエのような、賑やかで主張の強い音色である。

約二十年前のドイツでの音楽留学から帰って来て、母校の武蔵野音楽大学のある東京江古田に住むことにした。この街は音楽大学の近くとあって、東京じゅうの音大生が多く集まっており、都内では珍しく、楽器や歌の音を出すことができる住宅の多い地域である。

私も東京新大久保にある淀橋教会から電子パイプオルガンを借りて、寝るスペースもないような一階のアパートに持ち込んで練習していた。一人暮らしで、様々なアルバイトで食い繋いでいたので、私のアパートは、いつも留守が多かった。

ある日、日が暮れて帰ってみると、部屋のカーテンが風で靡いていた。私は一瞬血の気が引き、部屋に入ってみると部屋中のありとあらゆる物が散乱していた。空き巣に入られたことに気が付いた。

幸い高価なものは置いていなかったので、裏口のサッシのガラスを割られた程度の被害で済んだが、精神的には、かなりのダメージを負うこととなった。しかも一度ならず二度も同じような被害に遭った。

それを見かねて哀れに思ってくれた淀橋教会の牧師が、国技館で有名な東京両国にある玉の肌石鹸の社長さんを紹介してくださった。その三木社長さんの取り計らいで、石鹸工場の同じ敷地内にある、社宅として利用されていた建物の一室に住まわせていただけることとなった。

建物自体は古かったが鉄筋コンクリート造りのしっかりした建物で、まるで毎日がホテル気分のような快適な生活を送ることができた。

三木社長さんは、音楽が好きで、自社ビルの最上階をラウンジに改装し、そこを社交会場として日本の著名な方々を呼んでいた。そのラウンジにはダミーパイプ付きのアメリカ製アーレン・電子オルガンと、戦前に作られた年代物の名器ニューヨーク・スタインウェイピアノが置いてあった。

私はラウンジが使われていない時に、ピアノとオルガンを自由に練習させてもらえるという特別待遇まで受けさせてもらうことができた。日本帰国当初、定職もなく貧乏で苦しい時に、三木社長さんに助けてもらった恩は一生忘れない。

ある日、音楽好きで有名な高円宮殿下がお忍びで、そのラウンジにいらっしゃるということで、パイプオルガンの演奏を依頼された。宮様は電子ではあるが、初めてパイプオルガンを間近で聴かれたようで、とても興味を示された。

私自身も初めて皇族の方にパイプオルガンを聴いていただけたことは、光栄の至りであった。演奏は、とても緊張したが、宮様には満足していただけたご様子であられた。

その何年か後の高円宮様、崩御の知らせは、とても寂しく感じられた。

今となっては、その時のオルガンは本物でなかったが、例え電子オルガンでもパイプオルガン音楽の美しさを伝えることができた。そのことは日本でのパイプオルガンの一つの可能性を示してくれたかもしれない。この時から私は、移動できる電子チャーチオルガンを用いて演奏会をやっていく方法を思いついた。

4．キリスト教会の関わり

ドイツ留学後は東京新宿の淀橋教会で、

「オルガンを弾きながら生きていきたい」

という漠然とした、甘い考えで日本に帰国した。その教会には本物のパイプオルガンは無かった。しかし、

「新しい2千人会堂」

をうたい文句に、約二十五億円かけてチャペルを建築した。

「新会堂が完成して将来的には、パイプオルガンを入れたい」

牧師より直接、留学していた時から話をもらっていた。その話がいつも私の頭の片隅にあったので、ドイツに残る道を選ばずに帰国した理由にもなった。


教会にオルガンを入れるために、ドイツの幾つかのオルガン工房とコンタクトを取った。会堂に合わせて具体的な設計図を作ってもらい、見積もりを出してもらった。しかし、この教会は新会堂が完成しても、他教会から譲り受けた電子オルガンを置いただけであった。

何年経っても一向に本物のパイプオルガンを入れる気配すらなかった。今、考えると本物のパイプオルガンを入れること自体が、無理な話であった。会堂設計でパイプオルガンの場所は、確保されていたものの、肝心な予算は確保していなかったのである。

会堂が完成した暁には、会堂の莫大な借金を返済することのみに、精一杯となった。そして一億円を超えるパイプオルガンを入れるまでの、お金の工面ができなくなったのは当

然である。

私としては、この教会にパイプオルガンを入れるためにかなり尽力したつもりであったが、力は及ばなかった。それに加えドイツ留学でルター派国教会の社会的な教理に慣れ親しんでいた私は、この教会牧師の福音的な教理も合わなくなり、結果的にドイツ留学帰国後八年で、この教会から離れることとなった。

「どこのプロテスタント教会に行こうか」

と教会を探していた時である。私の音楽教室スタジオにパイプオルガンを入れた同じ時期に、埼玉県加須市の日本キリスト教団愛泉教会も同じオーバーリンガー社製のパイプオルガンを入れることとなった。

「パイプオルガンを弾ける専門家のオルガニストが欲しい」

ということで、オーバーリンガー社のオルガンビルダーから、愛泉教会の牧師を紹介された。

この教会までは、私の自宅から電車で片道約二時間かかる距離であった。毎月一回、定期的に私は、この教会の礼拝でパイプオルガンの奏楽をすることとなった。

愛泉教会の森田牧師は、ご年輩ではあったが、精力的に福祉の仕事もなさっており、ドイツのボン大学神学部への留学経験もあった。ドイツや教会音楽への造詣が深く、私と同じ感覚でキリスト教を捉えていらっしゃった。

私は違和感なく、この教会へ入って行くことができた。

「愛の泉」

という法人を、森田先生は運営され、老人ホームや乳児園、保育園などの社会福祉施設の理事長も兼任されていた。

この教会法人は、ドイツ人宣教師によって始められたこともあって、また同じドイツ繋がりということもあって、とても親しみを感じた。私は、その社会的活動にも大いに賛同し、信徒や職員、研修に来ていたドイツ人には大変お世話になった。

その教会の会堂は二百人規模ではあったが、オルガンを入れるときに新築し、加須市のシンボル的な存在になっている。その教会で月一回の定期的な奏楽以外に、年に二回の教会コンサートを、これまで十二回ほど私が企画し演奏させてもらった。

この小型パイプオルガンの楽器的な能力と可能性を考えると、ソロの単独だけでは、楽器の規模からして音に変化を付けることが難しかった。そして一人で二時間近くのコンサートを維持するのは大変だった。その理由で私は、歌やピアノ、ヴァイオリン、管楽器、時にはヴィオラ・ダ・ガンバなどの珍しい古楽器を入れて共演した。

クリスマスやイースター（復活祭）などの教会で大切な行事では、特別演奏を行った。時には外部から演奏者を呼んで来て一緒に共演するなど、様々な音楽活動をやらせていただいた。

パイプオルガンは、一年から二年毎に調律や調整が必要である。日本にもオルガンビルダーやオルガン工房はある。

「日本のパイプオルガン建造技術は歴史が浅く、まだ実験段階である」とも評される。

直接楽器を作った会社にメンテナンスを、お願いする方がいいと判断した。愛泉教会と音楽教室スタジオの二台のオルガンをセットにして、約一年半毎にドイツからオーバーリンガー社のオルガンビルダーを呼び寄せた。そして調律とモーターの油差し、修理点検を行ってもらっていた。

この教会での十年間は、森田先生を中心に繋がり、公私共に大切な存在になっていった。ご高齢である森田先生が心配ではあるが、日本のキリスト教会発展のために、また地域社会の福祉のために、元気で末永くまい進されることを心から祈るばかりである。

5. オルゲル音楽院

二〇〇三年六月、台東区浅草橋に、狭いながらも一階の部分がスタジオである三階建ての自宅兼音楽教室を建てた。

一一月からは、

「パイプオルガンとピアノのための音楽教室〜ドイツ製パイプオルガンとスタインウェイ・ピアノのあるスタジオ〜オルゲル音楽院」

を開業し、本格的に音楽教室の運営を開始した。

パイプオルガンはドイツの名器であるオーバーリンガー社に発注し、音楽教室開設の一年前に私自身が設計し注文した。一年後の二〇〇三年夏に、二人のドイツ人オルガンビルダーによって、約三週間で組み立てられた。三段鍵盤、一一レジスター（音栓）、スウェル（強弱調整扉開閉装置）付きの小型ながらも、多機能で全ての時代の音楽様式（ネオバロック・スタイル）演奏可能の美しいオルガンが完成した。

ピアノ教室は世界の名器ドイツ製のスタインウェイ・ピアノとシンメル・ピアノで、全てに関してドイツにこだわった。ピアノ講師は知人の紹介でピアニストの三浦先生にお願いしたが、最初は小学校三年生のピアノ生徒一人から細々と始まった。

音楽教室を立ち上げてから十年の間に、ピアノ講師五人、オルガン講師二名を迎え、歌、ヴァイオリン、ボーカル教室も並行して運営していった。オルガン教室の生徒は、初め私一人で教え、最盛期は三十人を超えた。ピアノの生徒は五十人以上に達する勢いで、音楽教室は順調に発展していった。

この十年間で音楽教室には、オルガン、ピアノの生徒として各々二百人以上、オルガンやピアノを単独で借りに来た人は、のべ六百人以上、演奏会などの催しで訪れた人は、のべ千人以上で、合計2千人以上の人達が、この音楽教室に関わった計算になる。しかし東日本大震災後は半減し、これを境に音楽教室の業績は少しずつ下降線を辿っていった。

電気で大型の扇風機のような、

「風箱」

という送風機で、風を起こすことによって音を奏でるパイプオルガンに関して、生徒さんから次のような声があった。

「計画停電が行われているような、この非常時にオルガンの電気を使うのは不謹慎だ」

「また、いつ大地震が起こるか不安で電車が止まるのが恐く、教室には来られない」

震災に起因する様々な苦情が寄せられ、辞めていく生徒が続出した。

日本人は、この震災を契機に生きていくのに精一杯で、お稽古などの習い事に時間とお金をかける余裕が無くなったかのように見えた。この震災は日本人の物の価値観や人生の意義、環境、エネルギーなどの様々な問題や考え方を根底から覆させられる出来事となった。

震災前の二〇一〇年夏には音楽教室の生徒数が増えて、一つのスタジオだけでは教室が足りなくなり、稼働率が追い付かなくなった。そこで自宅隣のビルの一階部分を借りて改装し、ピアノ専用のスタジオを作った。

震災までに不定期ではあったが、ピアニストである妻のピアノ演奏と、私のオルガン演奏を中心に、自宅のスタジオを使って演奏会や催しを行った。多い時には一回の催しで四十人以上の聴衆が来たこともあった。

隣のスタジオの完成を機に、定期的に月一回、昼休みのランチタイムに演奏会をやるようになった。ワンコイン五百円を入場料として、音楽教室の先生や友人の音楽家にも演奏してもらい、いろいろな人が徐々に集まって来るようになった。

震災の一週間後に予定していた、お昼のコンサートは、音楽教室のオルガン講師に演奏依頼をしていた。この講師はフランス人を夫に持つ女性であった。

原発事故後フランス大使館の命令で、

「日本に住んでいるフランス人とその家族は、即座に日本国外へ避難するように」

と勧告が出された。

この先生がコンサートに出演できなくなってしまったため急遽、私が代わりに演奏することとなった。

ドイツ政府など欧米各国の政府も同じような措置を取った。成田空港などの日本の国際空港は震災直後、日本に住む外国人が多く押し寄せ、かなり混乱したようである。原発事故の危険性は、即座に日本以外の外国人にも知らされ、多くの日本に住む外国人が日本国外に一時避難した。私の友人の外国人たちも帰国や一時避難していった。

日本サイドの情報には、それほどネガティブな報道は、ほとんどなかった。正確な情報は、何であるかを知らされないまま、私たちは疑心暗鬼の状態に陥った。

海外では、この地震による被災と原発事故を、人類史上稀に見る大惨事として大々的に取り上げられたようである。しかし日本では、それほどの危機感を感じさせられるような状況はなかった。

それどころか逆に、

「風評被害だ」

と言って、原発事故を過小評価するような社会現象に、危機感を覚える程であった。また被災者と被災しなかった人たちとの温度差も感じられた。

私は音楽教室を開業したとき、

「一生この東京都心の浅草橋で音楽院を経営しながら生きていく」

と思っていた。

しかし東日本大震災と原発事故が起こり、それに関連した様々な出来事から、

「もう東京には住めない」

と思い込むようになっていった。

6. 東日本大震災

二〇一一年三月一一日金曜日午後二時四六分、この瞬間から全てが変わり全てが始まった。

この日は東京町田の一見牢獄を思わせる、小さな窓が一つで十畳ほどの研究室で仕事をしていた。大学の卒業生謝恩会が午後四時から、東京千代田区のホテルで行われるため、研究室を出て会場へ向かった。

大学の正門を目の前にして、急に激しい立ち眩みを感じ、それと同時に大学校舎の窓枠

が、激しい音を立て揺れ始めた。木々が騒めき、アスファルトの白線が波打ち、

「自分がおかしくなったのではないか」

と思った。

一分ほどの時間が経ったのか、近くにいた警備員が大声で叫んでいた。

「地震です。避難してください！」

その時、初めて今まで感じたこともない、大きな地震が起きたことを実感した。その後も何度か激しい揺れを感じながらも、取り敢えず大学の最寄り駅である小田急線の玉川学園前駅に向かった。ホームで電車を待っていたが、一向に電車の来る気配はない。

「先程、東北地方で激しい地震があり、その影響で電車は全て運休します」

駅のアナウスが流れていた。


行き場を失った私は途方に暮れ、今来た道を辿り大学の研究室に戻ることにした。避難を呼びかけられ、学生や職員が何箇所かに固まって集まっていた。

研究室に入ると、殆ど全ての本や物が棚から落ち、CDなどを立て掛けていたガラスケースは粉々に割れて、足の踏み場もない状態であった。その様子を見て、激しい地震だったことを改めて実感した。

机の上に置いていた愛用のノートパソコンも、傍に重ねて積んでいた本箱が上から落ち

て、その上に被さっていた。傷は付いたもののデータは、崩れることなく難を逃れ、作動することはできた。そのパソコンを開いてみると地震速報が全面に流れていた。

まず足の踏み場を確保し、家族のことが心配になったので、浅草橋の自宅に電話をした。幸い妻の携帯に繋がり家族の無事は確認できた。

自宅に戻りたいと思いながら、いつもは音楽鑑賞しかしないCDラジカセのラジオを付けてみると、全てのチャンネルで地震速報が慌ただしく流れていた。交通機関が全て麻痺し、身動きが取れない状態になった。

二、三時間して同じ町田市の近所に住む、義妹の夫が車で迎えに来てくれた。彼と一緒に私たちは、大学から約十五キロ離れた府中の妻の実家へ向かうことにした。

辺りは日も暮れ、停電で真っ暗な通りは、明らかに普段とは違っていた。今までに見たこともない異様な雰囲気の中を、回り道しながら車を走らせた。信号もすべて消え、警官が手信号で車を誘導し、どの道も渋滞し混乱していた。普段なら三十分ぐらいで着く距離も、二時間以上かけて、やっとの思いで府中へ辿り着くことができた。

車内のラジオからも、全ての局で地震速報のみが流れており、まさに世紀末のような様相だった。とんでもない地震が起こったことは理解できた。しかし、これから起ころうとしていた、この地震に起因した様々な出来事は、この時、誰も予想することはできなかった。

どこまで電車が動いているか、わからなかったため、結局その日は都心の自宅に帰ることはできず、府中に泊まることにした。

テレビ報道は最初、地震の内容が中心であった。暫くして、それが巨大津波による被害状況を伝えるようになり､そして福島第一原子力発電所の危機が伝えられるようになった。

翌日、まずは家に帰ろうと思い電車に乗った。普段なら一時間しかかからない距離を、約三時間以上かけて、しかも全て満員電車の混雑振りであった。何とか自宅に辿り着いたが、自宅や近所の様子は、普段とさほど変わりはなかった。

土曜日であったが電車など公共交通機関のほとんどが不通か、間引き運転となり、道路も遮断または規制されていた。そのせいか街中が静かに感じられた。大きな地震だった割には、自宅や周辺では目に見える被害もなく、家では物が落ちた程度だったと言う。

自宅の音楽教室でパイプオルガンのレッスンをしていた生徒さんは、電車が止まったため、三十キロ近い道のりを、約十二時間かけて夜通し歩いて、帰宅したそうである。その話を聞き私は、自宅には帰れなかったが、泊まるところがあっただけでも幸運であったと思った。

東京だけでその日、自宅に帰れなかった人は、数十万人に上ったようである。同時に日本の東京一局集中の恐ろしさを実感し、少しずつではあるが東京には、これ以上住めないような気がしていった。

この時の地震と津波の被害は、甚大で一万九千人以上もの多くの人たちの命が奪われたことは、大きな悲しみと不幸であった。

福島の原発事故は、最初の報道からは、想像すらできないような危機的な大事故になった。結果的に人類史上最悪の歴史に残るレベル七の原発事故になろうとは、この時、誰も知るよしもなかった。

7．CD録音とリサイタル

折しも二〇一一年三月一四日と一五日は、一年以上前から予定していた、パイプオルガン・ソロCDの録音日であった。私自身のソロCDは、二枚目で、CD録音は演奏会にない緊張感があり、早くから練習と準備をしなくてはならない。

その新作ソロCDのために、府中の森芸術劇場のドイツ製の大きなパイプオルガンを使用する。劇場のオルガンのあるウィーンホールにおいて、二日間をかけて録音する予定であった。

念入りに準備し練習を重ね、ＣＤ会社とホールとの間で調整して、予約していた日である。ホール側から申し入れがあった。

「大震災による直接的な被害は無く、ホールやオルガンは使えるのですが・・・。やれるような雰囲気ではないですね。録音を自粛していただけませんか」

私とＣＤ会社の社長は、その申し入れに対して最初は抵抗した。しかしホール側の強い要望と、世の中の風潮から録音する雰囲気ではなくなり、渋々と録音延期に同意せざるを得なくなった。

結局、日程を調整して一ヶ月後に再びホールを予約した。そして一ヶ月遅れで録音は無事に終わり、ソロＣＤをリリースさせることができた。

このことは東日本大震災の影響の一つとなった。

この震災後、多くの行事や催しは自粛傾向になり、国家的な危機感を煽られていったように感じる。電力不足ということで、

「計画停電」

という聞いたこともない対策が実施された。

「今は日本が危機的状況なので、全てを自粛すべきだ」

という雰囲気に日本全体が靡いていったように感じた。

私も被災した人たちを憐れみ、復興を望む気持ちには変わりなかった。しかし原発事故の放射線問題と風評被害は今後、様々な問題と絡み合い社会問題になっていった。それと共にこれからの日本は、どうなるのだろうかという不安に駆り立てられていった。

二〇一一年八月二五日に二枚目のパイプオルガン・ソロCDが発売された。震災から約五ヶ月後の、まだ世の中は混沌とした時期であった。今までやってきたことが一つの形となった。

この録音は二〇〇七年一月に発売された一枚目のソロCD、三枚のオムニバスCDリリース以来のものである。オムニバスCDは、

「パッヘルベルのカノン」

「アルカデルトとケルビーニのアヴェ・マリア」

「G線上のアリア」

である。


今まで作ったCDは、私が毎日新聞の日曜版、

「オルガニスト・紙屋信義インタビュー」

の記事を見たクラシックCD制作会社社長、平井さんの提案であった。

彼はドイツにおいて録音技術の勉強をした、日本では珍しい録音技師マイスターである。これらのＣＤは、自費製作に近い形で売り出すこととなった。ポップスなどの売れるＣＤと違って、大半のクラシック音楽ＣＤは、二千枚売れればいい方である。ある程度の枚数を演奏者がＣＤを買い取って売ることと、会社が録音の著作権を買い取る形で作られた。従って著作権はＣＤ会社にあり、印税などの収入が演奏者に入ることはない。

買い取ったＣＤを個人で売ることは大変である。私は今回のソロＣＤを、自分の最後の録音にするつもりで臨んだ。

私が今まで弾いて残したかったドイツのオルガン音楽の中からＪ・Ｓ・バッハ以前、バッハ、ロマン派、現代の全ての時代様式から万遍なく選曲した。

パイプオルガンは一台一台、楽器の個性が違うので、どの楽器で録音するかも重要になってくる。最初のソロＣＤは、音楽教室の発表会でもよく使っていた、埼玉川口のリリア音楽ホールで録音した。このオルガンはスイス・クーン社製で、フランス・ネオ・バロック様式の美しい大きな楽器である。

オムニバスＣＤは全て、音楽教室スタジオのドイツ・オーバーリンガー社製パイプオルガンで録音した。

今回のＣＤは、ドイツ留学後オルガン市民講座で教えて使い慣れていた、府中の森芸術劇場ウィーンホールのドイツ・パッシェン社製パイプオルガンで録音した。

同じオルガンでも日本の音楽ホールの響きと、ドイツの石造りの天井の高い教会の響きは、全く異なり日本のホールの響きは残響が少ない。それだけに留まらず、オルガンの響きは気温と湿度、反響などが関係しているため、本場ドイツの録音より、どうしても見劣りするものとなってしまう。ドイツのパイプオルガンのように、

「天から音が降って来るような響き」

はとても難しい。

日本でドイツと同じような響きを求めて、オルガンCDを作ることは不可能であることは初めからわかっていた。その足りない残響の部分などを、平井さんの録音技術で補ってもらった。その意味で完璧ではないが、思い入れのある自分の残したい満足する一枚のCDを作ることができた。

CDを売るためには、宣伝しなくてはならない。そこで私自身で企画し、一枚目のソロCD発売の時と同様に、自身のリサイタルを行ってCDの宣伝と販売をすることにした。

リサイタルを行うには会場の予約と準備、チケットやチラシ作成、広報、チケット販売、当日スタッフの用意など様々な準備が必要になる。録音して慣れた曲とはいえ、様々な仕事をやりながら、自分の練習と音楽テクニックを維持して進めていかなくてはならない。それは、とても負担のかかる大変な仕事である。

それに加え個人リサイタルを行う場合、全て自費で持ち出しとなり、採算面を考えると割に合わない。CDリリース同様、このような形でのリサイタルも当分やらないつもりで臨んだ。

震災後、間もないということで被災地の復興を願って、また教会の楽器でもあるので「祈り」

というテーマにした。

二〇一一年一一月一九日、土曜日の一九時から録音会場でもある府中の森芸術劇場ウィーンホールにての演奏会を催した。演奏することは、何度も経験しているはずであるが、人前で弾くことは毎回緊張の連続である。

ドイツでのパイプオルガン演奏会は、教会において行われ、楽器は聴衆の背中合わせにあるので、演奏者が聴衆の視界に入ることはほとんどない。しかし日本の音楽ホールのパイプオルガンは、楽器を見せるために演奏者は、背中を向けて聴衆の正面で演奏する。足の先まで丸見えで、舞台のど真ん中で何分も聴衆の視線に、さらされる緊張感がある。

以前、人前で演奏したとき緊張の余り手足が震え、足が引き攣って、それ以上弾けなくなった程、緊張した苦い経験もあった。

人間は失敗の経験があるからこそ強くなれ、誰でも場数を踏めば慣れて上手になる。初めからうまくできる人などいない。何回も繰り返し練習し、失敗するから上手になる。そして失敗から、いろいろなことを学び成長することができる。

無事、演奏会を終えることができた。演奏会当日は、大雨の悪天候だったことも手伝って五百人入るホールは、三分の一程度のお客さんであった。楽器や楽曲の説明などのトークを入れながら、来られた人には、ある程度、満足して帰っていただけたかもしれない。

しかしCDの売り上げは、ほとんど伸びなかった。

これらの経験を通して、日本でパイプオルガンをやっていくことに、益々限界を感じていった。

京都山科ラクトの電子オルガン（上）

京都山科の通り（下）

第二章　原発事故の影響

1．福島第一原発事故

東日本大震災の地震による直接の被害よりも、東京に住んでいる私たちの問題は、福島の原発事故による様々な影響が大きい。

一九八六年チェルノブイリ原発事故は、私の記憶でも微かなものになっていた。不鮮明な映像で、

「旧ソ連で人類史上最悪の原発事故が起きた」

若かった私にとっては、遠い外国での出来事としてしか捉えることができなかった。しかし、その六年後に私はドイツへ留学することとなった。

ドイツでのチェルノブイリ原発事故の放射線の恐怖に対する敏感さを、現地ドイツで目の当たりにした。チェルノブイリから二千キロ以上も離れたミュンヘンでは、放射線の汚染が深刻化したようである。特に乳製品やキノコ類は店から消え、東欧から入って来る物を制限し、汚染の拡大を阻止した。

今でもチェルノブイリ原発事故の影響を恐れ、ヨーロッパのキノコ類や乳製品を摂らないドイツ人もいる程である。ドイツ人は原発事故による放射線の恐怖に対して、身を持っ

て経験している。原子力発電所は必要ないとするドイツ人は、日本よりも多いのが現状である。

チェルノブイリから二十五年後に、この福島の原発事故は起きた。マスコミによる概要はこうである。

二〇一一年三月一一日の東北地方太平洋沖地震が起因となり、東京電力福島第一原子力発電所で発生した放射性物質流失を伴う原子力事故である。

地震により操業中だった原子炉一から三号機が緊急自動停止した。その後の津波により全電源喪失状況に陥り、冷却が不可能となり事故に至った。二号機は原子炉格納容器とつながる圧力抑制室を損傷し、一、三、四号機は水素爆発を起こして建屋が損壊した。

原子力安全保安院による国際原子力事象評価尺度（ＩＮＥＳ）の暫定評価は、最悪のレベル七（深刻な事故）となった。これは一九八六年四月二六日にソビエト連邦で発生したチェルノブイリ原子力発電所事故以来、二例目の評価である。

これにより広範囲に高い線量の大気、土壌及び海洋の放射線汚染が発生した。現在も放出量は減ったものの、放出による汚染は続いている。福島第一原発から半径二十キロ圏内は、現在に至るまで一般市民の立入りが原則禁止されている。

福島の原子炉は、今でも一日に約三百トンの放射線に汚染された水を放出している。二〇一一年三月の東日本大震災の大津波以来、原子炉から漏れた放射線に汚染された水が海に大量に流れた。このことからも、この事故は収束どころか、まだ続いており、この事故の影響は、これから何十年も続くと言われている。

当初、地震の報道と並行して、この原発事故の報道も行われていた。時が経つにつれて原発事故の報道も少なくなっていった。しかし何が真実で、何が起こって、どういった対策を取るべきか、あまり報道されなくなった。

原子力専門家も放射線の影響に対する見解も分かれて、益々曖昧になっていった。それと同時に何が起こったか把握するのも難しい、大変な大事故であったことも理解できる。どちらにしても想定外の大事故が起こってしまい、取り返しのつかない事態になったことは確かである。

チェルノブイリ事故後二千キロ以上離れているドイツの都市ミュンヘンでさえ、ありとあらゆる対策を取ったが、放射線の恐怖は今も続いているという。その同等クラスの事故評価の原発事故が日本で起こってしまった。

福島から東京は、わずか二百五十キロしか離れておらず、放射線の影響が、どれ程なのか何も正確な数値も示されず不安に苛まれていった。我々庶民にも少しずつ原発事故の概要が明らかにされていく中で、私も放射線の恐怖と戦うこととなった。

私は長崎県の出身で、幼い頃から原爆教育を受けてきた。大学の時に広島で過ごしたこともあり、原子力や放射線の恐ろしさは、人一倍に感じていた。三十年以上も前の話になるが小学生の頃、完成したばかりの九州電力玄海原子力発電所へ社会科見学で行ったことを、今でも鮮明に覚えている。

「原子力明るい未来のエネルギー」

原発を誘致した街の看板である。

「原子力は安全で、二酸化炭素をほとんど排出しない未来のエネルギーである。これからは原子力発電の時代が到来する」

町ぐるみで原子力発電を宣伝していた。この福島原発事故までは、私も普通に原子力発電による電気を使い、原子力発電の安全性を疑うことはなかった。しかし、この事故をきっかけに放射線の恐ろしさと原子力発電の危険性を、再認識することとなった。

2．ガイガーカウンター

原発事故後、

「年間許容放射線量」

が問題視されるようになった。日本の許容線量は、年間二十ミリシーベルト＝毎時 2.283 ミリシーベルトである。それに対して国際放射線防護委員会（ＩＣＲＰ）の一般人の被曝許容線量は、年間一ミリシーベルト＝毎時 0.114 ミリシーベルトである。

福島原発事故後、新聞などのマスコミが報道する線量は、思ったより低いと感じていた。測量地点が人間の背丈より数段高い所で、測定数値が風向きや測定時間などの測定環境に左右されるため、数値をどのように捉えるかが難しい。私は一体何を信じていいのか迷っていた。

放射性物質は空気より重く下に溜まり、消滅せず移動する。なるべく家は閉めて放射線が入るのを防ぐのがいいと聞いていたので、事故後なるべく家を閉め切るようにしていた。

当時、我が家には三人の小学生以下の娘がおり、

「子供の方が大人より放射線の影響を強く受け易い」

「特に自然に被爆する外部被曝より、食品を通しての内部被曝の方が心配だ」

と聞かされていた。私たちは事故後とても不安な日々を送るようになり、放射線量を気にするようになった。

ある日、近所で友人のテツさんが中国製ガイガーカウンター（放射線量計測機）を購入したということで、我が家でも測定してもらった。家の中は思ったより低く、0.12ミリシーベルト位であった。通気の少ない所より風通しの良い所や家の裏路地など、あまり人の通らない所、ベランダなどは、0.20を超える比較的高い所が数ヶ所あった。

どちらにしても報道されている数値より一桁ほど高く、どう判断していいのか困惑してしまった。そこで自分で定期的に実際に普段から測ってみるために、事故後二ヶ月ぐらいして、ウクライナ製ガイガーカウンターを九万円ぐらいで購入した。

日本製の計測器は当時、数が少なく値段も高かった。

「こんな小さな簡単な機械が、なぜこんなに高いのか」

と疑問を感じた。それでも、どうしても自分自身で測りたかったので、思い切って買った。現在では日本製の精度の高い測定器が、かなり安価で手に入るようになった。

この測定器を使い毎日、家や外を測るようになった。やはりどこも新聞の数値より一桁ぐらい高く、この機械が狂っているのかもしれないと思うようになった。確かに機械によって当たり外れがあり、安価な測定器は誤差があることはわかっていた。しかし一桁も差があるのは不思議だった。

「自分専用に計測機が欲しい」

と妻も言い出した。

二つ目となる別の形の、これもウクライナ製だが、六万円ぐらいのガイガーカウンターを購入した。これで測っても多少の誤差はあったものの、最初に買った測定器と同じような数値が出た。私は新聞やインターネット報道の放射線量の数値との誤差に、益々疑問を感じるようになっていった。

「測量地点の高さや通気、時間帯や平均値の問題ではないか」

「平均最小値を記載しているのではないか」

と想像は膨らんでしまった。

このニつのガイガーカウンターを使って至る所で測るようになった。それでも東京都心は報道と違って、いつも約一桁高く、年間一ミリシーベルトを超える値であった。

二〇一二年夏休みに九州に帰省した際に、このガイガーカウンターを持って行き、そこでも測ってみた。

一番高かったのは、当然ながら飛行機の中で、上空一万メートルぐらいになると三ミリシーベルトを超える値になった。これは宇宙線の影響であり、上空の飛行機内での放射線量が高いことは、身を持って証明された。高度が低くなると放射線量も低くなり、高い放射線は一時的なものだとわかった。

　確かに九州は、東京で計るより数値は低かったが、それでも思ったより低くなく、0.10シーベルト前後はあった。

　小学生の時に住んだことのある長崎県西北端、生月島の水平線しか見えない海に面した断崖絶壁の展望台では、ゼロという数値を示し、全く放射線が無いことがわかった。

「これが放射線ゼロなのか！」

と感動したが、同時に放射線は人間が感じることのできないことも実感した。

「幼稚園の園庭と砂場でガイガーカウンターを使って放射線量を計測させてもらいたい」

と妻が子供達の通う幼稚園にお願いした。

「区立幼稚園は公共の場所であり、個人的に計ってもらっては困ります」

と断られた。小学校も反応は同じで子供たちが毎日、大半の時間を過ごす幼稚園や小学校の数値を測ることはできなかった。

　その日以来、妻は子供たちの飲む水は水筒で持たせるようにした。私たちの飲み水や食べ物などへの内部被曝に対する不安は、尽きることはなくなった。

３．放射線と食の問題

福島原発事故以来、我々家族が危機感を感じるようになったのは、放射線と食の問題で、世間でも内部被曝の問題として度々取り上げられるようになった。

内部被曝とは放射性物質が体に取り込まれ、体内から放射線を浴びることを言う。その九十パーセントは、食べ物を通じてのものである。では内部被曝は、人体にどのような影響を与えるのか。

ＤＮＡは細胞分裂するときに、内部被曝によって損傷を受けやすく、その時がとても危険である。そのため成長期の増殖が盛んな細胞を持つ胎児や、幼い子供などに放射線による影響は、多大な障害を与える危険性がある。

一般的に被曝量は、シーベルトで表わすが、内部被曝においてはベクレルが問題になってくる。ベクレルは主に食品や水、土壌の中に含まれる放射線の総量を表す。

「一キログラムあたり何ベクレル」

それに対してシーベルトは、外部被曝や内部被曝で、実際に人体が影響を受ける線量を表す単位である。

「一時間あたり何ミリシーベルト」

原発事故後に設定された食品に対する日本の暫定基準値は、穀類・野菜類・肉・卵・魚が五百ベクレル、飲料水・牛乳が二百ベクレルである。海外の基準値はチェルノブイリ事故で被害にあったウクライナの基準値は、飲料水二ベクレル、野菜四十ベクレル、牛乳百ベクレルである。

体内に入ったヨウ素は、甲状腺に集まり、セシウムは筋肉、子宮、膀胱に蓄積する。ストロンチウムは骨に、トリウムは肝臓に集まる。これらは体内の特定部分に集まり、集中被曝の場所ができあがる。つまり内部被曝は、局所性と継続性があり、繰り返し被曝することにより遺伝子にダメージを与える。

チェルノブイリ原発事故においては、汚染地域の住民に最も顕著になったのが小児甲状腺癌である。事故後二年から三年後に甲状腺癌は急増し、十年後には子宮癌や生殖障害などが増加した。

二十五年以上経った今も汚染された野菜やキノコ、肉などを食べることで生じる内部被曝が続いている。白血病や癌だけでなく通常、大人の病気である心臓病や脳血管に関わる病気なども子供に増加している報告もある。

西日本でも大気中の放射線量は、東日本に比べて比較的低い。しかし食品流通や東日本大震災の瓦礫の処理に関して、放射線を全国に拡散させ、放射線による食品汚染の危険性があることを考慮しなければならない。特に発達段階にある子供の健康リスクを考え、できる限り放射性物質を体に取り込まないよう、対策を取ることが大切である。

東京都心に住んでいた私たち家族も原発事故以来、三人の子供の食を考えるようになった。

「給食では牛乳を飲ませないようにお願いします」

妻は担任に依頼した。

最初は小学校の給食食材の産地も福島産や福島近県の物は、使わないという対応で安心していた。しかし事故後、時間が経過するに従って、あまり産地のことは問題にされなくなっていった。我が家の食卓も極力、西日本できれば九州産を取り寄せるようにした。これも時間が経つと産地や放射線の表示が曖昧になっていった。

食材を気にしだすと、東京では何も食べられないような恐怖感さえ感じるようになった。さらには放射線のことを言うと、

「何を今更言っているのか」

という反応さえ聞かれた。うっかり原発事故の放射線と食の問題を、公で言えなくなるような風潮さえ感じるようになった。

「福島産の食品は安全」

であると言い、福島産や原発事故関連の食品の危険性の話題になると、

「風評被害である」

と言わんばかりに受け付けなくなっていった。何が事実で何が風評であるか区別がつかなくなった。

　子供を持つ親として食品の安全性について、不安は益々募るばかりであった。福島産など原発事故による食品の安全性に疑問を投げかけると、それに対しての反発は凄まじい。

「無知！」

「もっと勉強せよ」

「農家の人に悪いと思わないのか」

「ヒステリー！」

「嫌なら西日本か海外へ引っ越せ」

などの反応が聞かされることもあり、悲しくなる程であった。

　現在の食品基準は、これまで使用してきたＷＨＯ基準から緩めて設定した暫定基準である。しかも抜き打ちで、全地域の全品目に対して実施されていない。

「今、流通している食品は基準値を下回っている」

の一点張りになった。

確かに全てを検査するのは難しく、抜き打ちで検査するしかない。しかし外部被曝も内部被曝も混同し、放射線の問題を食品添加物と同等に扱われることもあった。マスコミの報道で、

「風評被害」

がすっかり浸透し、安全性に疑問を呈する人に対するバッシングも取り挙げられるようになった。

子供の安全を心配する親の質問に対し、避難してきた福島の子供へのいじめを引き合いに出すこともあった。

「あなたみたいな人が差別を助長する」

と返答されているのを見ると、子供を持つ親としては、益々心配に思うようになった。

農水産物を始め多くの食品や環境に多大な被害を与え、震災による原発事故の影響の大きさを感じた。福島産の食物を食べることが復興支援だと言わんばかりに宣伝し、学校給食まで、そのような風潮を浸透させようと感じた。

そのような社会風潮には危うささえ感じるようになった。何が真実で何が問題であるかが曖昧にされ、正にそのことが風評被害に繋がるのだと思った。

4．子供の放射線検査

震災後、原発事故の収束を見ぬまま、放射線の影響は収まるどころか、深刻さを増す報道ばかりであった。

「関東の子供達の七割から、セシウムが検出されていた」

という記事である。

千葉、茨城の十五市町に住む〇歳から十八歳までの子供を対象に、実施した尿検査の結果で、十人中九人からセシウム一三四または一三七を検出した。予備検査を含めた最高値は、一リットル当たり1.683ベクレルで、大人は2.5ベクレルという高い数値であった。

測定した八十五人中、約七割に相当する五十八人の尿から、一ベクレル以下のセシウムが出たという。

セシウム一三四と一三七は、ウラン核分裂により生じ、自然界には存在しない物質である。

「福島から近い関東の子供達が原発事故で飛び散ったセシウムを、体内に取り込んでいるのではないか」

と考えられた。このことは子供達の食べ物からセシウムを、摂取したことになる。

関東だけでなく、放射性物質による内部被曝が、東海や東北地方にまで及んでいるという報告もある。岩手県一関市在住の四歳の女児の尿から4.64ベクレルという高い数値が出た。食べ物を調べたところ、祖母の畑で採れた野菜を食べており、干しシイタケから一キロ当たり千八百十ベクレルが検出された。

食品に含まれる放射性セシウムの基準値は、一キログラムあたり一般食品百ベクレル、牛乳と乳児用食品五十ベクレル、飲料水と飲用茶十ベクレルである。

セシウムは体のあらゆる臓器に蓄積し、特に子供の甲状腺に溜まりやすい。体内で発する放射線は、細胞組織の繋がりを分断し、体の機能不全を起こす。

「震災後、福島や関東地方の子供達に鼻血や下血などが見られ、甲状腺癌が増えている」との報告もあり、

「内部被曝が原因ではないか」

と考えられている。切断された遺伝子同士が元に戻ろうとして、間違った繋がり方をしてしまう遺伝子組み換えである。これが集積すると、癌になる可能性がある。

尿中に含まれるセシウム一三七がガンマ線だけ勘定して、一ベクレルだとすれば、ベータ線も考慮すると、体内に大人でおよそ二百四十ベクレルのセシウムが存在する。それに加えてストロンチウム九〇も、セシウムの半分程度ある。

体に入ったセシウムは、大人約八十日、子ども約四十日の半減期で排出される。これは食物摂取で体内被曝し、放射線を発する状態が続くことが危険である。

食品千七百八十八品目を調査したところ二百八十品目からセシウムが検出された。米七四パーセント、きのこ六三パーセント、お茶五十パーセント、それに三割近い一般食品にもセシウムが含まれていたという。

この情報をどこまで信用するかは、個人の判断にもよる。しかし、この時の私たち夫婦の心理状態は、少ない情報の中で過剰反応し、物事を悪い方向へ捉えざるを得ない状況になっていた。

予め予想された事態とは言え、このように具体的な情報を突きつけられると、改めて強い危惧を感じた。問題はもはや内部被曝だけでなく、原発周辺および関東の子供達の健康被害がいつ顕在化するかということになる。

原発周辺と関東のみならず、日本全国に流通している汚染食材を通じて、日本全土の国民が内部被曝による健康被害に直面する可能性がある。

「原発事故が収束せず日々、大気中に2.4億ベクレル以上の放射性廃棄物を放出し続け、汚染水もコントロールできず漏れていた」

とする情報もある。

「食べて応援キャンペーン」

が継続され、セシウム検査は抜き打ちで、全てではない。

「安全！」

と宣言して、地元産の食材が流通され続ける。

もし売れなければ、

「風評被害！」

と称している。

実際は、

「実害」

ではないかと思いたくなる報道もあった。


私の長女がどの程度、放射線の影響を受けたかを確かめるために、実際に、「内部被曝検査センター」の放射線検査を震災一年後の三月に受けた。最初にネットで検体の量や、定量限界のことなどを同意した上で、ネットから注文した。

入金確認から一週間後に検査容器が届いた。一日二百ＣＣを十日間二リットル、専用ボトルの冷蔵便で検査センターに返送し、約十日後、検査報告書が送られてきた。結果は全てＮＤ（定量限界二十Ｂｑ（ベクレル）／Ｌ未満）で、不検出であったので一安心した。

ただ、

「定量限界」

というのが問題で、他の会社では一ベクレル単位でも、検査結果を出してくれるところもあるという。しかしベクレルは、放射性物質の強さを表す単位であって、身体に影響を及ぼす単位シーベルトではない。したがって尿検査では、実際の被曝量がわからないと意味が無いのである。

では定量限界二十ベクレルの被曝量の目安は、どの年齢も数十マイクロシーベルト程度である。しかも、その被曝量は預託線量といって一年ではなく、七十歳までの被曝量の全ての合計値である。七十年間で数十マイクロシーベルト。一ミリシーベルトは千マイクロシーベルトなので、とても低い数値になる。

しかし、この検査方法を問題視する意見もあり、数字が低いからといって、正確な数値が出た訳でもないので、本当に安心できるとも限らない。

実際に検査し数値化され、結果が出たことは、とても意義深いが、この検査結果をどう捉えるかは個人の判断にもよる。しかし、この頃の私たちは、原発事故による全ての情報に対して疑心暗鬼になっていた。

5．ドイツ人の手紙

東日本大震災後、世界の注目は地震や津波より、原発事故による放射線の影響になっていった。妻の友人でもあるドイツ人のペーターと、福島原発事故の放射線の影響を心配して何度かメールでやり取りした。

「原発事故による放射線は、とても危険なので、今すぐにでも子供を連れて、海外に一時的でも非難すべきだ」

ドイツでは地震と津波、原発事故が連日盛んに報道された。日本では見られなかった、津波で人が流されるシーンや地震の下敷きになった犠牲者など惨い映像が報道されたようだ。

特にドイツを始め海外のメディアは、原発事故による放射線の危険性を大きく取り上げた。欧米の先進国を始めとする多くの国々が国外退去を命じる様は、原発事故が深刻な事態であったことが伺える。

日本とドイツは共に第二次世界大戦で敗戦国となり、戦後目覚ましい経済成長を成し遂げた。資源が少なく工業製品で貿易大国となり、出生率が低く高齢化が急速に進んでいった。しかし環境やエコロジー対策、特に原発事故への対応は大きな違いがある。

福島第一原発事故に最も敏感に反応した国は、ドイツである。ドイツのメディアは連日、事故を大々的に取り上げ、ドイツ大使館は大阪に機能を移転し、政府主導で海外退去またはは本国に帰国するドイツ人も相次いだ。

ドイツのメルケル首相は、福島原発事故を受けて、二〇二二年までにドイツの原子力発電所全廃を決めた。メルケル首相は会見で次のように述べている。

「福島原発事故は、これまでとは異なる方法でリスクに対処する必要性があることを教えてくれた。我々が再生可能エネルギーの新たな時代を切り開く先駆者になれると信じている」

ドイツの原発十七基のうち七基は老朽化のため、一基は技術的な問題のため、既に運転を停止している。残り九基のうち六基は二〇二一年までに、建設年度が最も新しい三基は二〇二二年までに停止する予定だ。

この決定はドイツの電力需要のうち原子力が賄ってきた二十二パーセントを、他のエネルギー源に切り替える必要があることを意味している。複数のエネルギー会社が、この決定について政府を相手取って訴訟を起こす可能性もある。また高レベル放射性廃棄物の恒久的な貯蔵施設を、どこに確保するか。二酸化炭素の排出量をいかに削減するかなど、数々の課題が残っている。

ドイツが先陣を切って全廃に踏み切った意義は大きく、この決定は世界に衝撃を与えた。

しかし、

「脱原発」

と言う方向は、ドイツでは既定路線だった。ドイツは元々、原発事故や核のゴミのリスクを深刻に捉え、二酸化炭素削減にも熱心に取り組んで来た経緯がある。メルケル政権の転換は、ドイツ世論の基調を踏まえた判断でもあった。


ドイツの世論が脱原発を支持する背景には、チェルノブイリ原発事故で二千キロ離れたドイツで放射線汚染されたこと。自然環境を大事にする国民性。ベルリンの壁崩壊に象徴されるように東西冷戦の最前線にあり、米ソの軍拡競争の舞台になることへの恐怖が強い。それが反原発に繋がったと考えられている。


「緑の党」

に象徴されるように原発即時廃止を掲げ、環境保護を求める政党の躍進。ドイツ左派による長期連立政権は、長期的な脱原発政策を進め、今回の脱原発の政治決断へと繋がった。


このドイツの脱原発政策について日本では、

「ドイツは石炭の産出量が多く、陸続きで九ヶ国と接しており、電力が足りなければ他国から輸入できる」

「日本は海に囲まれた島国で電力が不足すれば深刻な状況になる」


このように経済安全保障の観点から参考にならないという意見も多い。しかしドイツは電力の輸入だけに頼ろうとしているのではない。再生エネルギーの割合を大幅に増やした結果、電気料金が大幅に上昇しており、そのことへの反発も高まっている。

それでも世界各国に対し、原発に頼らずエネルギーを自給し、二酸化炭素の排出を削減し、原発に頼らない社会を実現できるモデルを示すとの理念を掲げた。

この理念は厳しい環境基準を設けることで、エネルギー転換による技術革新が起こる。そして新しい雇用が生み出され、経済効果が促されるという考えにも基づく。

これに対し日本は、地震大国で津波が多い。世界で唯一しかも二回の原爆被曝国であり、放射線汚染で多くの一般市民が犠牲になった歴史がある。今後、福島や周辺地域では何十年にも及ぶ大きな原発事故の影響が予想される。

放射線の恐怖を世界で一番身を持ってわかっている国である。それにも関わらず、原発事故後の最初の総選挙では、脱原発派が勝利を収めるどころか、原発を推進してきた自民党が返り咲く結果となった。


二〇三〇年代に原発ゼロにするという民主党の政策を阿部政権が白紙に戻し、原発輸出を推進するなど脱原発とは反対の方向に進んだ。日本の原発政策がドイツの全く逆方向へ動いて行くことを、ドイツを始め世界では大きな驚きとして捉えられた。

その原因は民主党政権下で十分な原発事故対策が行われず、復興政策もままならない状況がある。また電気代が高騰して不況を深刻化させ兼ねないといった、経済的懸念や原子力による利権が主因だと考えられる。

それは日本の政治や世論でドイツのような原子力や環境問題において、根本的な理念を巡る議論が成されて来なかった歴史にも関係がある。

脱原発を決めたドイツの道のりは平坦ではない。しかし国としての哲学や理念を持ち続けることによる、絶対的な意義を世界に示そうとしている。


ドイツ同様、技術経済大国だと言われて来た日本である。理念無き自己防衛や利益追求のみの経済一辺倒に走ることで、原発事故を起こした賠償と責任なども含め、国としてのあり方や方向性が問われている。

そのような状況でドイツ人からの便りは私の中に、

「もう日本には留まることができない。子供達を守るために自分に何ができるのか。さらに人間が健康に安全に生きていく」

ということについて、自問自答していくきっかけとなった。

6. 佐世保の夏休み

実家の近くには九十九島というリアス式海岸に散在する大小二百余の島と、日本本土最西端の地があり、日本で日の出と日の入りが最も遅い地域である。私の故郷は日本の辺境で、海に面した風光明媚な自然豊かな場所である。

佐世保市の三十キロ圏内の近くには、老朽化した佐賀の玄海原子力発電所がある。震災後、停止しているが危険性は以前から叫ばれていた。

原発事故後、放射線汚染の恐怖は付きまとい、特に低線量被爆と内部被曝は、東京でも心配されるようになった。放射線の影響は、大人より子供にあるとされているので、「三人の娘を少しの間だけでも放射線の影響から遠ざけたい」と常日頃から思っていた。

放射線の影響から体を少しでも守るために、二〇一一年の夏休みに、私の実家のある佐世保に家族で帰省することにした。前述のガイガーカウンターの件でお世話になった、近所のテツさん一家も同行することとなった。

私の子供達にとって二年振り二回目の佐世保訪問であった。東京都心の都会育ちの子供達にとっては、自然豊かな佐世保は、別世界に感じられ、とても楽しみにしていた。

原発事故後、久しぶりに東京郊外に出ることとなったが、東京では震災後、計画停電と節電があり、街の照明も暗く抑えられていた。

しかし福岡に着いた途端、震災はどこ吹く風で、街中がとても明るく感じられた。節電している気配も無く、地震や原発事故の影響すら感じることはできなかった。

確かに一九九五年の阪神淡路大震災の時、私はドイツの音楽大学に留学中で、ドイツのテレビで震災を知った。その時も関東では関西の震災の影響は、ほとんど感じられなかったようである。

食料品を買うために佐世保のスーパーへ行ったが、地元産の新鮮な食料品が安く売られていた。

「震災復興のために福島産の野菜や果物を食べよう！」

東北地方の農産物がたくさん売られていた。震災地から千キロ以上離れ、報道で震災や原発事故のことは、逐一伝えられてはいたものの、こちらでは東日本程の危機感は全く感じられなかった。

これだけ大きな大惨事も、場所が変われば捉え方も変わるのは当然である。しかし、ここまで震災や原発事故に対する意識の違いとズレが大きいことに驚いた。

佐世保での夏休みの最初は、子供達は海やプール、公園や散歩に行ったりして楽しく過ごしていた。途中、同じ九州の阿蘇から義妹家族も合流した。

次女がマイコプラズマ肺炎にかかってしまい、次々と四人の子供たちに感染していった。長女は喘息と肺炎を併発して命の危険にさらされる事態となった。幸い二週間の入院治療の後、無事に退院できた。

夜中に何度も病院へ連れて行くような看病の日々で、親としては辛い佐世保滞在の三週間でもあった。それでも少しでも放射線の影響と心配から逃れることができたのは、とても良かった。

それと同時に人間の苦労や辛いことは、その時だけで、過ぎてしまえば、いい思い出だけが残るものだと感じた。この佐世保での夏休みは、私も家族も、またテツさん家族にとっても、一生忘れることができない楽しい思い出となった。

7．ドイツ移住の試み

私たち家族は直接的には被災しなかった。しかし震災により、人間の生き方や人生観まで変えさせられた。

行事や催し物の中止、節電による生活の変化、原発事故による放射線の影響や環境汚染問題など様々であった。今まで体験したことの無い出来事が、身近に次々と起こった。

被災した人々の冥福と被災地の復興を祈る日々の中、

「自分が本当にやるべきことは何であるか」

問い続けるようになった。

そのうちに兼ねてからの念願であった、

「ドイツ留学で得た外国での様々な経験を生かしたい」

「ドイツと日本の音楽文化交流に携わりたい」

「ドイツへ移住したい」

という思いが強くなっていった。そして
「自分が関わってきた音楽を活かして、ドイツで音楽の仕事をしたい」

と明確な目標を描くようになった。

そのためにはまず、

「十五年以上も離れていたドイツ語を何とかしなくてはならない」

と思った。私は再び東京ゲーテ・インスティテュート語学学校に通い、ドイツ語を習うようになった。

ドイツへ移住するまでの二年間、この語学学校に通うこととなった。私の若い頃の語学力を取り戻すには容易でなかった。それでもZD（中級ドイツ語資格試験）と独検二級、中級ドイツ語クラスを何とか終えることができた。

　ドイツには教会音楽家（カントール）の制度が古くからある。これは伝統的な職業音楽家で、まずキリスト教会の礼拝や典礼（ミサ）で会衆が歌う賛美歌に、オルガン伴奏を付けて即興で奏楽する。カントールは伝統的に、聖歌隊の指導と指揮、音楽の個人レッスンを行うだけでなく、キリスト教会の音楽に関わるありとあらゆる事を担当する。

　歴史的に多くのカントールは、作曲家も兼ねていた。J・S・バッハに代表されるドイツ独自の制度である。

　ドイツの教会には、大きさの規模的にA、B、Cランクの段階があり、A級の教会は、その街に一つか二つしかない。B級も少なく、大半はC級ランクの教会である。A級教会でカントールをやるには、A級ライセンスを持つ人が、教会で試験を受けて就職することができる。

　教会音楽家として生計を維持できるのはA級かB級である。しかも最近では財政的な理由から百パーセント全てを担当することが少ない。オルガンと合唱指導を分業するなど職業音楽家としての環境は、年々厳しくなる一方である。

　さらにドイツ市民は、所得税の八パーセントから九パーセントを、教会税として徴収されて教会は成り立っている。最近は教会離れが進み、以前教会だった所が、街の集会所や博物館になっている所も多い。教会の数は年々減り、財政的にもドイツの国教会は厳しい状況が続いている。

ドイツに移住を考えるようになり、自分に何ができるかを考えると、まず音楽に関わる仕事を考えた。可能性としては教会オルガニスト（カントール）、音楽家、音楽教師、音楽出版社、音楽企業など挙げられる。

現実的にはドイツ人でも、カントールや音楽家になるのは難しい。それに加えて外国人で、経験も資格も若くもない私にとって、今からカントールや音楽家になることは、とても困難であると思われた。音楽教師や、その他の音楽に関わる仕事も難しく、日本同様、音楽に関する仕事は厳しいのが現実であった。

日本の学生時代に、新しい練習用小型オルガンを大学に入れるために、チェコ製のパイプオルガンを、日本人オルガンビルダーに付いて一緒に組み立てたのを思い出す。また東京立川の結婚式場チャペルに、イタリア製の小型パイプオルガンを、一人で組み立てた経験がある。

浅草橋の音楽教室のスタジオに、ドイツ製パイプオルガンを直接輸入するなどオルガン建築には元々興味があった。

ドイツには約二百以上ものオルガン工房があり、オルガン建造の歴史は長い。日本のお寺の数程ドイツには教会があり、ほとんど全ての教会には本物のパイプオルガンがある。

私もいろいろな教会のオルガンを見て回ったが、ドイツ国内の教会で本物のパイプオルガンの無い教会を見たことはない。それほど本物のパイプオルガンの数は多く、日本とは比べものにならない。

オルガン工房は新しいオルガンを作る仕事が、まず挙げられる。その他に、既存のオルガンの調律や修理、古いオルガンを再生リフォームし、販売する仕事などがある。最近では教会やオルガンの数が減り、教会の財政難も手伝ってオルガンの仕事は減っている。

またドイツのオルガンは、外国へ輸出されることも多い。最近では世界の経済状況悪化のため、輸出も伸び悩んでいるようである。ドイツはパイプオルガン建築と音楽の歴史は古く、マイスター制度に代表されるように職人技で、ピアノの歴史よりも古い。

ドイツのオルガン産業は戦後、成長発展してきたが、パイプオルガンを取り巻く環境も年々厳しくなっている。

ドイツで就職する場合、求人広告に頼らず履歴書や経歴書を企業に直接、送って売り込むのが一般的である。日本にもドイツ製パイプオルガンは多く、ドイツの大手オルガン工房を中心に、これはと思うものを選んで十社程応募してみた。三社から返事が来なかった

以外は返事が来た。こちらの事情は理解してくれたものの、
「今は人を雇える状況にない」
というものがほとんどであった。中には、
「職業訓練を受けていない人は雇えない」
「ここで働くにはマイスターの資格が必要だ」
という厳しい回答があったことは当然である。

どちらにしてもドイツでの就職は厳しく、自分にしかできないことをいかに売り込むかが問題であった。

友人のペーターにも、ドイツでの就職の可能性を探ってもらった。ドイツ語で作成した履歴書、経歴書を、思い当たるところに相当数送ってみた。

三分の一ぐらいから返事は来たが、それ以外は返事さえ来なかった。オルガン工房への応募同様、厳しい返事ばかりで、日本同様または、それ以上にドイツでの就職の困難さを実感した。

震災後の二〇一一年夏頃から日系ドイツ系を問わず、様々な業種、職種の企業に就職の応募をした。しかし、ことごとく全滅であった。

私は日本で長年大学教員や音楽教室経営をやってきた。私自身、社会経験や業績も豊富

であると自負していたが、全く他の業種では通じないといった無力感と挫折感を味わうこととなった。

ドイツで仕事をするには、ドイツ語が相当できて当然で、それ以外にビジネス英語は必修である。ドイツ語のかなりできる日本人も相当数おり、ドイツ語関係の仕事は厳しいことも実感した。

自分にしかできないことで勝負するしかないと思い、それが何であるかを、震災以来ずっと問い続けてきた。震災後、約二年間ドイツ移住を決断するまで、この就職活動は続く。

結局、最後まで日本でドイツでの就職先を決めることはできなかった。しかし、

「ドイツへ移住したい」

という思いは、それとは裏腹に一層強まり、諦められなくなっていった。

8. ヒーリング

二〇〇九年八月、山形市内のフラワーパークへ家族旅行をした。次女が動く歩道に左足を巻き込まれ、救急車で山形大学付属病院へ運ばれた。摩擦による大火傷を負い、山形大

学病院では応急処置をして、東京の順天堂大学病院で皮膚の移植手術をする程の重傷であった。

その時は、次女の足が再び動くようになるのか心配な毎日を送った。親としては子供の怪我を何とかしたいと藁にもすがる思いであった。近所のテツさんに、

「遠隔ヒーリング」

なるものを行ってもらい、心も体も癒された気分になった。

同じ年の一一月に長女が、新型インフルエンザにかかり、脳症を患い、東京大学付属病院に入院した。

「命の保証はできない」

と医師から宣告され、危篤状態に陥った。

その時も助かって欲しいという思いで、テツさんに遠隔ヒーリングをお願いした。幸い後遺症もほとんど残ることなく完治できた。

前述のように二〇一一年夏に佐世保へ家族で行った時、マイコプラズマ肺炎を三人の娘が患い、長女は喘息と肺炎の合併症を併発した。佐世保の病院ではどうすることもできないような重症になり帰京後、また東大付属病院に入院した。その時もテツさんにお願いして遠隔ヒーリングを施してもらった。

私は元々、ヒーリングやヒーラーなどのスピリチュアル系や占い、予言の類を信じられ

ず、最初は妻の独断でテツさんにお願いしていた。

テツさんのヒーリングと子供の病気が癒された偶然が重なって、子供の命があたかもヒーリングによって助けられたかのように錯覚してしまった。最初はヒーリングを信じるか信じないかの問題ではなかった。あの時は何でもいいので、お願いする術しか考えられなかった。

人間は不安や恐怖を感じる時に偶然が起きると、それがあたかも真実のように錯覚し思い込んでしまい、洗脳される生き物である。ヒーリングをどう捉えるかは別として、調べてみると以下のように説明してあった。

ヒーリングとは、リラクゼーションという軽い意味から、難病やトラウマからの開放も含めて、心と身体の健康を回復するという意味で言葉が使われている。大宇宙に充満する生命エネルギーを、小宇宙である人体の生命エネルギーと共振共鳴させる事である。

心と身体の本来の健全さを取戻し、生命エネルギーの根源である宇宙エネルギーと同調して意識波動を高め、豊かな人生を送れるようになるためのものである。自然治癒力を活性化させるためのスイッチのようなもので、病気を癒すのはあくまでも患者自身である。施術者（ヒーラー）は、その手伝いをしている。

「よくわからない説明である！」

欧米諸国では、すでに代替医療や補完医学としてヒーリングが定着している。法律でも認められている所もあり、医療保険の適用を受けられる国もある。また先進医療施設で、ドクターとヒーラーが連携して治療している病院もあるようだ。

「ヒーラーと呼ばれる人たちは何をしているか」

生体エネルギーレベルへの働きかけを行っている。人間の肉体の周囲には、一般的にオーラ（エネルギーの磁場）と呼ばれているエネルギー領域が存在し、心身の健康に密接に結び付いている。

また身体の中心線上に数百と存在しているチャクラ（エネルギーの変圧器）と呼ばれるところがある。そこは過去から現在のいろいろな経験の傷跡や、ネガティブなエネルギーや痕跡が存在している。

オーラやチャクラに蓄積された不健康な信念体系や、抑圧されたネガティブな感情のブロックが正常なエネルギーの流れを阻害している。いろいろな病気や機能不全状態として表面化しないようにヒーリングは、エネルギーレベル、無意識レベルに働きかけて浄化や調整、チャージなどを行う。

具体的にヒーラーは、オーラやチャクラの詰まりや汚れのクリーニングをする。いらなくなった画像やビリーブシステムの除去をする。つまりそれはクライアント（ヒーリングを受ける人）の心身のエネルギーの通路の通りを良くすることを手伝う。

エネルギーがスムースに流れることによってヒーリングが起きると、その人本来の生き生きとした創造性を発揮するようになる。内的にも外的にもいろいろな変化が起こる。その時に最も大切なことは、

「人は誰もがヒーラーであり、自分を癒すのは自分自身である」

という。

ヒーラーとして仕事をしている人々は、様々なツールでオーラやチャクラを除去し、調整し、エネルギーを動かすのである。

「益々わからなくなった！」

テツさんは、私が新設大学にいた頃、大学で彼の映画監督作品を上映し、講演でお話をしてもらっていた。彼は今、

「地球蘇生プロジェクト」

を催し、新進気鋭の映画監督として活動している。

その彼と震災後に話す機会が与えられ、ドイツ移住や原発事故の影響、自分が何をいつやるべきかを相談した。

「今はまだ決断の時ではなく、必ずドイツへ行く時が来る」

ことを示唆してくれた。

確かに、その時はドイツ語の準備、家族への説明、仕事の問題があり、精神的にも物理的にも不完全で、私も行く時でないことを感じていた。そのテツさんへの相談からドイツ移住の時まで、それから一年半の歳月を要することとなった。

9．弁護士の関わり

日本の人口比からして、弁護士に問題解決を図り、お世話になる人は、欧米に比べるとそう多くないと思う。ドイツなどの欧米では、弁護士にお願いして物事の解決を図る人は多い。私は多くの弁護士と関わり、いろいろな問題を解決してもらった。それ位、私の人生はトラブル続きだったのかもしれない。

住居と音楽教室の機能を備えたスタジオ付きの家を建てるために、インターネットで浅草橋の土地を見つけた。その不動産会社員に建築会社を紹介してもらったが、その社員が、ある日突然に行方不明となった。私は、その社員を信用できなくなり、紹介されたＪ建築会社を調べたら、東京都に無認可の実体のない違法建築会社であることがわかった。

「実体のない会社に一生に何度とない、大切な我が家の建築を任せることはできない」と思い、その会社での建築を中止し、他の建築会社にしたいと思った。しかし、その時、既に頭金七百五十万円振り込んでしまっていたので、問題が起きてしまった。

「中途解約はできず、振り込まれたお金は返金できない」

Ｊ建築会社のＳ氏はこのように言ってきた。

話し合いでは、どうすることもできなくなり、妻の知り合いの旅行会社の社長で、その会社の顧問弁護士である阿部さんに相談した。

「実体の無い建築会社からお金を取り戻すことは、とても難しい」

と言われた。

それでも私は何とかしたいと思い、阿部さんに弁護を依頼して、裁判で解決を図ることにした。私は東京地方裁判所の法廷で、証人として証言した。約二年後、判決では勝訴できたが、振り込んだお金は戻って来なかった。

別の建築会社に依頼して、念願のマイホームを建てることができたが、今度は、その会社の施工ミスで風呂の窓位置が設計と違って取り付けられた。結果的に同じ階のトイレの天井高が取れず、トイレが狭くなり、天井が低くなってしまった。その件も弁護士の阿部さんにお願いして建築会社と和解し、賠償金を支払ってもらった。

前述の次女が山形で左足に重傷を負ったとき、腹部の皮膚を足に移植する大手術を行った。その傷は治ったが、傷跡は一生残ることとなった。私たち家族と特に次女本人は、身体的にも精神的にも大きなダメージを受けた。こちらの落ち度は、ほとんど無い不当な事故だと思った。どうにかしたい一心で弁護士の阿部さんに相談した。

「親の監督責任と倒産しかかっている会社を相手取っての訴訟は難しい」

と言われた。

途方に暮れている時に、妻の友人の知り合いの弁護士、中川さんに相談した。

「不条理な事故で、こちらに落ち度はない」

ことを理解してもらえた。

中川さんの力添えがあり、その事故を起こした会社と交渉し、和解して損害賠償を保険会社から勝ち取ることができた。


新設大学に三年間勤務した。

「ボーナスは三年以上働いたらまとめて支給される」

というものであった。私は三年間勤務し退職後も、そのボーナスは未払いで受け取っていなかった。退職して半年ぐらいして、勤務していた大学に問い合わせた。

「そのボーナスは払えない」

と一方的に言われた。

　不当に思い中川さんに相談した。

「当然受け取るべきお金である」

として大学側と交渉してもらい、全額ではないが、お金を支払ってもらうことができた。

　弁護士の阿部さんにお願いしていた家の賠償金問題が未解決であった。勝訴したにも関わらず、十年ぐらい経っても、お金を返してもらえないままであった。

　難しい問題を全て解決してくれた中川さんに、再び依頼することにした。大変難しい交渉をS氏と行い、全額ではないが分割で、返還してもらえる約束を取り付けてくれたのである。

　半ば諦めていたので、有難い気持ちで一杯だった。弁護士は一人一人違い、手腕や解決方法も弁護士によって様々であることを痛感した。

　これをもって日本におけるお金に纏わる未解決問題は、まとめて解消されることとなった。ドイツへの移住は、自分の中で確固たる既定路線となり、その道へ突き進むこととなった。

10. 鹿児島と阿蘇の夏休み

浅草橋に十年間住んだ。ここは下町の問屋街であった。昔は節句人形で、最近はスワロフスキーなどのビーズ問屋が多い。東京駅から電車で十分程度の好アクセスで、秋葉原から一駅の都心であった。

どこに行くにも便利で、地下鉄を使うと乗り換えなしで羽田空港と成田空港へ直通で行けた。いろいろなオフィスや代々続く町工場も多く、昼間人口と夜間人口の差が顕著な地域でもあった。

土日になると人通りが無くなり、とても静かな別の顔の街になる。

問屋が多いので日用品や食料品は近くのコンビニか、小さな小売店で買い物をし、自転車で隣町のスーパーによく行っていた。文房具やいろいろな小物は、

「シモジマ」

という量販店に行くと安くて何でも揃った。

レストランや洒落た食べ物屋は少なく、サラリーマンを相手にした下町の飲み屋が多かった。それでもカップ麺になる程の有名な、ラーメン屋がありよく通っていた。

下町なので近所との繋がりも密で、特に向かいの坂本さんには親戚以上の家族ぐるみの付き合いをさせていただいた。よく三人の娘の面倒も見ていただき、食べ物のお裾分けは

日常茶飯事で、時には子供のお泊まりや、いろいろな行事はいつも一緒だった。

この地域は祭りや町内会が一年中盛んであった。春には近くの銀杏八幡神社と、東京でも有名な鳥越神社、夏には盆踊りと隅田川花火大会、秋には町内会の祭り、冬には大晦日と新年は街ぐるみの催しであった。浅草も近かったので浅草橋と合わせると、一年中お祭りといった雰囲気で、子供達も大いに楽しんだ。

家の西隣には、長屋風の戦災を免れた戦前の古い建物が並んでいた。そこの高木さん夫妻とタケさんにも、とりわけ子供達はお世話になった。高木さんは紙漉き職人で、テレビ番組でも紹介された人物である。タケさんは近くの紙店で働く、四国出身の威勢のいい祭り好きの男性であった。

最近ではマンションが増え、近所付き合いもないような所が多い東京である。しかし、この下町のご近所さんは、私達一家の大切な思い出となった。

この浅草橋で、子供達は生まれ育った。幼稚園と小学校は小規模であったが、隣接しており、家から歩いて三分程度の所にあった。毎日の送り迎えや催しには、とても近くて便利であった。運動会や餅つき、バザーなどの学校の行事も街ぐるみで行われていた。

子供が病気の時は、近くの街医者に行き、車で十分位の距離には大学病院が多く、子育てには安心して暮らせる快適な場所であった。

しかし、その便利な我が家があった浅草橋にも大きな欠点があった。それは自然が全くないことである。もちろん家には庭はなく、家の周りに植木を置く程のスペースしかなかった。外の風景は、四季の移ろいを感じる空間もなく、窓からの眺めは、変化のないビルなどの建物だけであった。

藪蚊や蝿はいたが、子供達の興味を引くような蝶やトンボなどの昆虫類や小動物は、ほとんど見られなかった。子供達の遊び場は、近くの緑の少ない狭い公園か、家の前のアスファルトの私道であった。

田舎育ちの私としては、このような自然のない環境で育つ子供達が少し可哀そうであった。したがって夏休みなどの休暇の時は、なるべく自然に触れさせるために、妻の実家のある多摩川沿いの府中に行くか、自然の多い所へ家族旅行するようにしていた。

二〇一二年の夏休みは、妻の念願でもあった親戚の住む鹿児島の志布志と、避難生活をしていた義妹家族の住む熊本の阿蘇へ家族で旅行した。志布志の親戚は、普段から自家製の味噌や野菜を送ってもらっていた。農薬の危険性や原発事故後は放射線の危険性を人一倍心配してくれていた。義妹家族も機会があれば、阿蘇産の野菜や果物を送ってくれていた。

志布志は自然豊かな南国雰囲気漂う海の町で、訪問した時は台風の接近もあり、自然の驚異を感じながらも、子供達は生まれて初めての海水浴を楽しむことができた。家族総出で東京から来た私たちをもてなしてくれた。自家製の流しそうめんや海辺でスイカ割りをして、この志布志での三日間は、私たち家族にとって生涯心に残る思い出となった。

阿蘇の義妹家族は、移住後一年半経っていたので生活自体も落ち着いていた。近所の仲間とワークショップを行うなど、移住者のコミュニティーの中で、環境を守る活動を行いながら逞しく生きていた。大自然に触れながら、阿蘇でも楽しいひと時を送ることができた。

同じ九州出身である私としても、九州の高温多湿は大変であった。原発事故後、東京を離れて、「どこ」かへ移住したいと模索していた時期でもあったので、この九州での出来事は、

「どこかへ移住したい」

と思う気持ちに拍車を掛けられた三週間の夏休みであった。

11. エリさんの出会い

ドイツへいつでも移住できるよう、私はドイツ語を語学学校へ行って学んでいた。

「妻と子供達のドイツ語も、どうにかしなくてはならない」

と思っていた。

インターネットでドイツ語の家庭教師を探して、何人かのドイツ人と面接した。しかし、いい先生に出会うことが、なかなかできなかった。そんなある日、日本人のエリさんという二十歳代の女性に巡り会えた。

彼女の両親は日本人で、三人兄姉の末っ子として、ドイツで生まれ育った。母親一人の母子家庭で育つ過程で経済的にも、かなり困窮したようだ。しかし、そこはドイツ、外国人であろうと母子家庭への社会福祉による援助は、彼女たちを大いに助けてくれた。

彼女はドイツで生まれ育ったので、ドイツ語が母国語並みにパーフェクトで、日本語は家族内で使っていただけだという。当然、彼女の日本語は漢字こそ難しいものの、日本人と同じように話して、聞くことができた。

彼女はドイツのボン大学を卒業し、日本のドイツ語検定試験一級を満点で取得した。そして、その奨学金を得て、上智大学でドイツ給付留学生として日本に四年間留学していた。

両親のどちらか一方がドイツ人で、ドイツ語がパーフェクトにできる日本人（ドイツ人）

は、そう珍しくない。しかし彼女のように日本人夫婦の間に生まれ、純粋な日本人として
ドイツで生まれ育ったという例は、今まであまり聞いたことがなかった。
「何をもって日本人であるか、外国人であるか」
という国籍を決めるのも難しい。
パスポートで日本人か外国人を決めるのであれば、私の知り合いはドイツ人の父親で、
母親が日本人で、日本では違法ではあるがパスポートは、ドイツと日本の両方を持ってい
る。日本でもドイツでも帰化して、その国の国籍を取得することは可能である。
母国語が日本人か外国人を決めるとしたら、エリさんのように日本の国籍を持っている
にも関わらず、ドイツ語の方が日本語より楽に使える人もいる。知り合いの宣教師は、ド
イツ人夫婦の間にドイツ人として生まれても、日本で生まれ育ったので、彼の日本語はパ
ーフェクトであった。
つまり世の中には、いろいろな境遇の人がおり、人種や民族的にも国際化と多様化が進
む。現代において日本人か外国人かと線を引くこと自体、あまり意味を成さなくなってき
ている。
お互いの存在を認め合い人種や民族を超えて、国ではなく個人や個性を理解し尊重する
ことが大切である。それが偏見や差別のない、平和な世界へと繋がっていくのではないだ
ろうか。

エリさんはデュッセルドルフ郊外で育ち、今も彼女の母は、そこに一人で住んでいるという。彼女は、自然にドイツ語を習得したので、私の子供達にドイツ語を順序立てて、教えることは苦手のようであった。音楽の世界でも、

「いい演奏家が、いい教師である」

とは限らないのと同じである。

彼女のドイツでの経験と今のドイツの情報、ドイツ語力は、子供達だけでなく私たち夫婦にとって貴重な存在となった。

妻のドイツ語は、約十年前の留学経験以来のもので、簡単な日常会話程度のドイツ語力であった。ドイツの友人とのメールのやり取りや、ドイツへ移住するために必要な連絡は、エリさんの協力と彼女のドイツ語によるアドバイスに頼るところが大きかった。

そしてドイツのどの都市へ移住するかを決める上で、一番影響を与えてくれたのである。私のドイツとのやり取りやドイツ移住の判断材料も、エリさんのドイツ語力と彼女からもたらされる情報は大きく影響した。

まさに人は人の出会いによって変えられ、生き方まで変えられることを、エリさんとの出会いから実感できた。

二〇一三年初頭から夏のドイツへ移住するまでの約半年間、毎週定期的にエリさんの授

業は続いた。妻と私はドイツ語とドイツの情報をエリさんから教授してもらい、ドイツ移住への準備を着々と整えていった。

12. 妻の決断と渡独

原発事故後、最初は放射線の影響を恐れ、子供達を守るという名目で移住を模索していた。またドイツの友人の勧めと、義妹夫婦の一時避難もあって、自主避難したいという思いが日に日に募っていった。その間にドイツへの就職活動も並行していたが、これといった決め手がなく、結果が出せないまま時間だけが過ぎ去っていった。

「原発事故から二年以上が経過した今、日本からドイツへ原発事故のために避難し、何でもいいから仕事をしたい」

「ネガティブなイメージで就職活動を行うと、ドイツでの就職は益々難しくなる」

と友人ペーターはアドバイスしてきた。

確かに原発事故後すぐにドイツへ移住し、ドイツ政府も特別措置の原発避難民として、無条件で滞在許可（ビザ）を出す例が何件かあったそうである。

しかし日本のマスコミや政府の原発事故収束宣言で、原発事故によるビザ申請もなくなり、日本もドイツも人々の脳裏から原発事故と、その記憶が薄れていった。

「原発事故のため」

という大義名分も通じなくなってきていることを感じていた。

「何のためにドイツへ行きたいのか」

自問自答する日々が続く中で、日本の教育系大学で十八年間教えてきた経験があった。

また自分がドイツへ留学し、ドイツの教育を受けた経験から、

「自分の子供達もドイツの教育を受けさせたい」

という希望を抱くようになった。

しかし子供達は、全くドイツ語を話すことができず、

「どのようにしたら子供達を、ドイツの小学校に入学させることができるか」

と考えた。

ドイツの小学校は四年生までで、その後は大学進学か就職するか進路を決める。進学校に行くか実業学校に行くかを小学校五年生の時に決めなくてはならない。そう考えると長女は、すでに小学五年生になっており、ドイツでは小学校を卒業し進路が決まっている時期でもあった。

ドイツの学校では落第させることは、普通に行われている。三人の子供にドイツの小学校で基礎教育を受けさせるため、

「四年生、三年生、一年生へと一学年ずつ落第させて入学させる」

ことを思いついた。ドイツの学校は九月に新学期を迎えるので、二〇一三年九月は、子供達をドイツの小学校へ一斉に編入させる、最後のチャンスだと考えた。

私はドイツへ移住したいことを妻へ伝えていたが、妻は最初乗り気ではなかった。確かに妻も人一倍放射線の危険性を憂いていた。義妹家族のように自主避難し、子供達を安心して安全な場所で育てたいという気持ちには変わりなかった。

しかし多くの時間とお金を費やし、東京都心の浅草橋に苦労して家と音楽教室を建てた。音楽教室は順調に回っていたし、多くの人がこの音楽教室と関わっていた。もしここを離れた場合、

「音楽教室の生徒をどうするか、家と土地をどうするか」

様々な問題があった。

それに加え、この浅草橋は子供達が生まれ育ち、多くの知人や友人がおり、慣れ親しんだ郷土である。この土地を離れることに躊躇していたことは私も同じであった。つまり我々が抱えているものがあまりにも大き過ぎたので、原発事故後すぐに自主避難できなかったのである。

二〇一三年五月のある朝、妻が突然に

「ドイツへ行ってもいい」

と言い出したのである。それから全ての流れがドイツへ行くモードとなった。そして我々家族はドイツへ移住するため、その準備にまい進して行った。

まずドイツのどこへ行くべきかと考えたとき、妻と私が留学で慣れ親しみ多くの友人や知人がいる、南西ドイツのシュトゥットガルトを第一に考えた。妻の恩師のドイツ人ピアノ教授ヴァーゲンホイザー先生に相談すると、

「今、ドイツへ来ることは難しい」

と難色を示した。

「ドイツの経済状態は決して良くなく、ドイツ人でも就職するのは難しい。特に音楽を取り巻く環境は、年々厳しくなってきており、政府の経済的な援助は激減した」

南西ドイツのバーデン・ビュルテンブルク州に五つあった国立音楽大学のうち、彼が働いていた大学と、もう一つの大学が閉鎖に追い込まれる状況であった。つまり妻が卒業し、ヴァーゲンホイザー先生が働いていた音楽大学がなくなったのである。

ドイツへ就職を斡旋するために協力してくれていた、友人ペーターがアドバイスをしてくれた。

「ドイツへの家族を連れての移住はリスクが伴う。中西部ドイツのデュッセルドルフならヨーロッパ一の日本人コミュニティーがあり、日本の企業も多く、就職の可能性もあるかもしれない」

デュッセルドルフは、現在もエリさんの実家があり、彼女の話を身近に感じていた。ドイツへ移住するなら、

「デュッセルドルフしかない」

と妻と私は決断してしまい、もう後戻りできない状況になってしまった。

ドイツへ移住する準備として、住まいを確保し、街の様子を伺うために、デュッセルドルフ郊外に住むエリさんのお母さんを妻が訪ねることとなった。六月に三泊五日の日程で、妻は留学以来十二年振りにドイツの地へ降り立った。

「滞在したホテルに近いデュッセルドルフ中央駅周辺の雰囲気は暗く、日本人街のあるインマーマン通りは寂れていた」

と妻からは、あまりいい印象でなかったと聞かされた。

エリさんのお母さんと、いろいろなことを話すことができ、私たちのドイツ移住に、その時は理解を示してくれたそうである。

「ドイツへ移住するにはビザが必要になる。就職できないままドイツへ来てビザを取るこ

とは難しい。日本の仕事を辞めて学生ビザでデュッセルドルフへ来て、住んでいる家族がいる」
という情報を教えてくれた。

この妻の決断と一時渡独は、私達家族にとって、それまでドイツへの移住が漠然とした妄想であったものが、より具体的にイメージし、現実化させる第一歩となった。

今、冷静に考えるとドイツへ行くことしか生きる道がないと思い込んでしまった。偏った情報に洗脳され、他に様々な可能性があったにも関わらず、そのことに耳を貸さなかった。その愚かさを今はただ反省することしかできない。

この時すでに私たちは、家庭崩壊への道を歩み始め、日本へ踏みとどまる術を失ってしまっていた。

佐世保の軍港（上）

隠れキリシタンで知られる長崎県最西端の離島・生月（下）

第三章　ドイツ移住の準備

1．ビザ取得

妻のドイツ視察から帰国後、ドイツの職を得て、日本を発つことは難しいと判断した。エリさんのお母さんから聞いた話のように、学生ビザを取得してドイツへ移住することにした。ビザ申請についてよく調べてみると以下のようになっていた。

二〇〇〇年一二月一五日より日本国籍者は、如何なる目的であれ、日本でビザを取得して行く必要がなくなった。ドイツに入国後直接、滞在地の外国人局で、滞在許可を申請することができる。申請はドイツ国内の滞在地の外国人局で行う。手続きの順序として、まず入国後一週間（都市によっては二週間）以内に居住地を管轄する住民登録局に住民届を提出する。次に入国後九十日以内に、滞在地の外国人局で滞在許可の申請をする。

私が約二十年前ドイツ留学した時は、まず日本のドイツ大使館で仮ビザを発行してもらう。そしてドイツの大学で出してもらった入学許可証を持って現地の外国人局へ行き、正式な本ビザへ書き換えてもらった。そのビザ申請のやり方が全く変わったのである。

ビザ申請の方法が約二十年前の学生の頃と違うのは、当然と言えば当然である。昔のやり方ができると思い込み、動いてしまったことは痛恨の極みである。このことがわかった時にドイツ移住を、踏み留まることもできないまま、そのまま突き進んでしまった。

学生になるにも働くにも、日本ではなく、現地の外国人局で直接ビザの申請を行わなくてはならない。つまり日本で予め申請するものは、何もないことになっていたのである。どちらにしてもドイツへ行かないと、どうにもならない。

子供達のドイツの新学期が始まる二〇一三年九月四日に間に合わせるために、ドイツ行きの全ての日程を調整することにした。

学生ビザを取ると言っても、どこで取得したらいいか考えていた時、エリさんがアドバイスしてくれた。

「デュッセルドルフ近郊のケルン大学なら簡単に学生になることができるのではないか」

そこで私はケルン大学の学生になってビザ申請することにした。

以前、留学した時の思い込みもあったが、ドイツはビザを取るときにドイツの健康保険に加入することが義務付けられている。学生ビザで健康保険を申請すると、毎月の高い掛金も少しは軽減できると考えた。妻も一緒に学生ビザを申請することを選択した。

妻は私と同じケルン大学よりも、デュッセルドルフ音楽大学の方が住む場所から近く、私と同じ大学よりも違う大学の方が、ビザ申請の時に説得できるのではないかと考えた。

妻と私は別々の大学で申請することにした。エリさんの助けもあり私はケルン大学、妻はデュッセルドルフ音楽大学の教授と直接コンタクトを取ることにした。

そんな折しもエリさんのお母さんに、厚かましいお願いをした。

「ドイツのデュッセルドルフに一家で移住して、家が見つかるまでの間、滞在させて欲しいのですが・・・」

その返事が七月上旬にメールで届いた。

「職が無いのに一家で移住することは無謀で、こちらで住む家を見つけることは不可能です。私の知り合いの何人かに尋ねたところ、百パーセントの人が口を揃えて、無職の外国人で子供三人連れに貸す家はありません。しかも私の家も狭く、子供がいつ帰って来るかわからないので、一緒に住むことは無理です。移住するのであればドイツではなく、妹さんと同じように阿蘇に行ったらいかがですか」

彼女からの返事は、当然といえば当然である。我々一家にとってエリさんの家にお願いして取り敢えずは滞在できると、自分に都合のいいように考えていた。その時の彼女からのメールは、その頼みの綱が切れた思いでショックであった。

しかも私は、もうその頃には働いていた大学に辞表を提出し、周囲の人たちにドイツ移住を伝え始めていた。もう後戻りはできないと判断してしまい、自分たちの力で何としてでもドイツへ移住する方法を考えなければならなくなった。

熟慮の末、ドイツへ移住する方法は、まず私がドイツへ先に行き家を見つけて、そこへ家族を呼び寄せることだ。そして決めた日程は、八月一七日に私がデュッセルドルフへ先に出発し、その二週間後の八月三〇日に妻と子供達がドイツへ後から来るというものである。そして子供達の新学期に間に合わせるという、無謀とも思える決断であった。

つまり子供達の来るまでの二週間で、私はホテル滞在をして、家を見つけなくてはならない。そのときは困難にも思えたが、その方法しか考えられず、義妹家族の移住の話を思い出し、自分たちにも当てはめてしまった。まず一家の柱である私が家族のために安心して住む家を確保することが第一だと考えた。

この苦渋の決断は、決して簡単な道でないことはわかっていたが、

「自分達の動きたい日程で動くことができる」

と都合のいいように解釈した。

どちらにしても誰も頼ることができず、ドイツ移住も取り止められなくなり、家庭崩壊と破滅への道をひた走ることとなった。

2．大学辞表提出

ドイツ留学から帰国して、いろいろなアルバイトをしながら東京で生きてきた。友人の紹介で一九九六年四月に東京久我山の立教女学院短期大学のピアノ非常勤講師になった。その三年後に千葉大学教育学部の音楽教員公募があり、応募して専任講師として採用された。その大学で教える授業は、

「幼児音楽教育」

であり、短期大学非常勤の時に、それに関した学術論文を三冊書いた独学であった。

自分が今まで勉強してきたパイプオルガンでなく、いつも、

「専門外」

という思いがあった。それでもパイプオルガンは、府中の森芸術劇場や安土文芸セミナリヨの市民講座で教え、副業としてパイプオルガンに関わっていた。

「大学でパイプオルガンを教えたい」

といつも思っていたが、パイプオルガンを教える音楽大学は日本には少ない。しかし大学で音楽を教えられることに感謝するようになった。

音楽大学において音楽家になることは難しく、音楽を生かした就職先は音楽教員になることが最も多い。これからの厳しい大学全入時代の音楽大学における、

「音楽教育」

は益々重要になる。

　学生が教壇に立った時に、

「音楽の楽しみ・音楽の心」

「音楽を愛好する心情と音楽に対する感性を、子供達へ伝えていける教員養成が大切である」

ことに気づいた。

　そんな矢先、浅草橋の家から近い新設大学である東京未来大学こども心理学部の、これも幼児教育に関する専任教員公募があり応募して採用された。結局、千葉大学には八年間勤めた。

　この間、東京浅草橋に自宅とパイプオルガン、ピアノを教えるための音楽教室を建てることができた。そして音楽教室スタジオに本物のパイプオルガンを入れた。ここでパイプオルガンを教えながら、大学では音楽教育に携わり、休みがほとんどない忙しい日々を送るようになった。

　新設大学は、いろいろなハウトゥー本の著作で有名な多湖輝先生が学長を勤め、一緒に仕事ができることを嬉しく思っていた。多湖先生はたった一年間で学長をお辞めになり、私は、とても残念に思った。

先生は千葉大学名誉教授であられ、同じ大学で教えていたということもあり、とても親切にしてくださり、いつも目を掛けてくださっていた。特に私のパイプオルガン・リサイタルの時には、先生のたくさんの友人を誘って、聴きに来てくださった。

年末に大学内で開催したクリスマス・コンサートで先生は、聴衆の前で得意のマジックを披露され、会場は大いに盛り上がった。多湖先生にお近づきになれたことは、私の人生の宝である。

丁度その頃、玉川大学教育学部で、

「小学校音楽科」

を教える教員の公募があり応募して採用された。

玉川大学ではチャペルにパイプオルガンがあるにも関わらず、ほとんどパイプオルガンに携わることはできなかった。また東京都心からの通勤は大変で毎日、苦痛を感じる程であった。特にラッシュ時の新宿駅にはうんざりして、この通勤地獄の中、一生東京で生きていくことに疑問を感じ、心身共に疲れきっていた。

そんな折しも東日本大震災と原発事故に端を発し、妻の決断もありドイツへ家族で移住する道を突き進んだ。せっかく玉川大学にも慣れてきて、苦労して得た地位も職も自ら棒に振る道を選択してしてしまった。その愚かさを、その時は顧みる術も持たなかった。

約二十年前にドイツ留学から日本へ希望を抱いて帰国した。

「オルガン未開拓の地、日本でオルガン音楽を広めたい、パイプオルガンで仕事をしたい」

それから十八年間、大学教員という安定した職を得て、パイプオルガンだけでなく、音楽教育にも長年携わることができた。その幸運は大学を辞めた後に気づいた。

「ドイツへ行って、どこか田舎の小さな街の、オルガニストもいないような教会で、オルガンさえ弾ければいい」

淡い漠然とした妄想を抱くようになった。そしてドイツ移住を決断し、二〇一三年六月に三年半勤めた玉川大学に辞表を提出してしまった。

九月退職という年度途中の退職にも関わらず、こちらの勝手な都合を大学は気持ちよく受け入れ、対応してくれた。特に学部長を始め多くの教員から励ましの言葉を、いただいたことには感謝に堪えない。

三つの大学を転職し、挙げ句の果てに天職まで棒に振る、普通では考えられない決断をした。その時はその愚行に気づくことができず、両親をはじめ周りの人達は、ただ驚いていた。それでもドイツ移住へ家族でチャレンジしたいという、愚かな破滅の道へ進むしか考えられなかった。

3．オルガンの限界と発表会

二〇〇三年一一月に、「オルゲル音楽院～パイプオルガンとピアノのための音楽教室」を立ち上げた。最初はピアノの三浦先生と小学生のピアノの生徒一人、妻のスタインウェイ・ピアノ一台のみであった。それに小さいながらもいろいろな時代の曲が弾けるネオバロック様式の三段鍵盤十一レジスター（音栓）、スウェルペダル付きのドイツ・オーバーリンガー社製パイプオルガンを、直輸入して設置したスタジオ一つからスタートした。

この音楽教室は先生も生徒も徐々に増えていき、専用の音楽ホールを借りて発表会ができるまでに人数が増え、発展していった。

音楽教室での発表会は大切で、どこでやるか検討した。音楽教室の近くでパイプオルガンがあり、コンサート・ピアノを備え、しかも手頃な値段で土日に借りられるホールは、埼玉の川口リリア音楽ホール以外考えられなかった。ホールの日程は一年前までに予約を入れなくてはならず、土日は希望者が多いので抽選になる。

何度か抽選に行ったが土日に取ることはできなかった。ある抽選日に私の帰国演奏会でお世話になったホール担当者の飯野さんが声を掛けてくださった。

「優先的に土日の予約を取ってあげます！」
それ以来、音楽教室を運営していた十年間の二年毎の土日に、計五回川口リリア音楽ホールでピアノとパイプオルガン合同の発表会を催すことができた。

発表会は、生徒さんとの演奏曲目の練習はもちろん、様々な準備が大変である。ホール予約確認と打ち合わせ、チラシとプログラム作り、宣伝、飾り花の注文、オルガンの音決めとホール練習は事前に行うものである。当日は、会場設営と準備、ホールとの打ち合わせ、リハーサル、ステージマネージャー、お客さんの応対など挙げれば切りがない。

特にオルガンは一台一台楽器の個性が違うので、その楽器に合った音作りが事前に必要となる。しかも曲の途中で音に変化を付けるために、鍵盤交替や予めセットしておいた音を瞬時に変えなくてはならない。その音の組み合わせパターンは無限大で、曲によって違うので、演奏する曲の全てに対して、教師は予め音色の変化をセットして準備をする。

当日、教師は生徒の横に付いて譜捲りとレジスター（音色）を変えるアシスタントとして同じ舞台に立つ。パイプオルガンという楽器は演奏だけでなく、機械的な操作や準備が必要であり、それは各々の楽器と曲によって異なる。

ホールのオルガンは、普段練習している音楽教室の小型のオルガンの五倍の約五十個のレジスターがある。その音の組み合わせは複雑で、大オルガンの方が多彩な音を作ることができて、音楽の可能性が広がる。

第一回から第三回までの発表会の「パイプオルガンの部」は私一人しか講師がいなかったので、オルガンに関しては全て一人で準備した。

第三回発表会では私が体調を崩し、一人で二五人以上のオルガン生徒さん全てを担当し、その限界を感じた。平日は大学で働き、土日でパイプオルガンを教え、月に一回は加須の教会でオルガンを弾く。時々それ以外の演奏会でも弾くという、ほとんど休みのない生活となり疲れ果ててしまった。

精神的にも身体的にも、もうこれ以上一人だけでは、パイプオルガン教室を続けられなくなった。そこで新しい二人の先生にお願いし、自分の生徒は五人程度に減らすことにした。

二〇一三年六月三〇日第五回川口リリア音楽ホールでの音楽院十周年記念のパイプオルガン・ピアノ発表会は、図らずも最後の音楽教室の発表会になってしまった。一年以上前のホール予約の段階では、まさか最後になるとは思っていなかった。

もうその頃には日本でオルガンを続けていくことに、限界を感じていた時期でもあった。

パイプオルガン教室には、設立当初から習っていた生徒さんが数人いた。特に一番長く習っていた生徒さんに関しては、常日頃から音楽教室の小さなオルガンで、レッスンすることの限界を感じていた。

曲に関してはアドバイスできても、レジスター（音作り）に関しては、十一ストップしかないので、やれることが限られている。しかもオルガンで大切なレジスターの教授が、ほとんどできないのである。それに加えてパイプオルガンは、本来教会の楽器なのでドイツのような石造りの教会の、

「音が降ってくるような響き」

は日本では到底体験できない。

ヨーロッパの教会で聴いたことがない人にとっては、想像すらできない世界である。また良いパイプオルガンの演奏は、響きによって演奏法も変わってくる。小さなオルガンや日本のホールのオルガンで表現するのは難しい。そして、そのことに対して本場を知っているオルガニストは、いつも楽器に対しての葛藤がある。


私としては、この発表会までパイプオルガンに関して、日本でやれることは、ほとんどやってきたと自負していた。日本の結婚式場で弾き、日本の教会で弾き、日本の音楽ホールの市民講座で教え、自分のパイプオルガンを作り、パイプオルガン教室を作り、そこで教え、いろいろな演奏会で弾いた。またソロCD二枚、オムニバスCD三枚をリリースで

きた。

この最後の発表会を境に、日本のオルガンと決別し、せっかく苦労して建てたパイプオルガン教室が崩壊していくこととなった。

4．家と土地、オルガンの売却

原発事故以来、自主避難するためにドイツへ移住したいと思って早二年以上が経過し、妻の決断によって全ての歯車が移住へ動き出した。この二年間にドイツ移住を模索していた経験から、まずはドイツへ行くしか方法はないと思い込んだ。いろいろな情報に惑わされ洗脳され決断してしまった。

就職の当てなどないが、学生ビザで取り敢えずドイツへ入国し、当分の間、様子を見ながら就職活動をする。そして子供達を現地のドイツ人小学校へ入学させ、私は現地で職を見つけて就職できればいいという甘い見通しで動いてしまった。

家族五人で当座を凌ぐには、ある程度の資金が必要である。今まで苦労して建てた家と土地、パイプオルガンを売ることにした。

パイプオルガンに関しては、そんなに簡単には売れないだろうと思っていた。二〇一三年初頭から知人などに声を掛け、水面下で売却を打診していた。しかし、なかなか引き取り手が見つからなかった。

欲しいという話も何件かあったが、売値と設置場所が折り合わなかった。インターネットのオークションにも出品した。本物のパイプオルガンがオークションに出ること自体珍しいとあって、アクセスは多かったが、売れるまでには至らなかった。

二〇一三年六月になって神奈川県のプロテスタント教会から買いたいと申し入れがあり、教会役員とオルガニストが、音楽教室のパイプオルガンを見学に来た。オルガン自体は気に入ってもらえた。

「教会総会で教会の承認を得て決めたい」

ということであった。

資金繰りに難色を示していたその教会は、私たちの提示した額より大幅な値下げを希望した。私としては納得いく値段ではなかった。しかし時間も差し迫り、早く売りたいという焦りから、教会側の提示した額で引き取ってもらうしかないと思っていた。

教会側の指定してきた最終回答日の前日に、突然茨城より、森さんという女性オルガニストと母親の親子連れが、音楽教室のパイプオルガンを見学に訪れた。スタジオに入った

途端二人は、そのオルガンに心を奪われたかのように気に入った様子で、

「すぐに購入したい」

との意思を示してくださった。

「もう既に先約があり、明日、教会に引き取ってもらいます」

「どうしても欲しいので今この場で決めたい」

とおっしゃった。


私は、曖昧な教会の回答を待つことができなくなっていた。また、この親子の情熱に負け、この森さん親子に売ることに決めた。

値段交渉で私は少しでも高く売りたかったが、最初に妻が私の購入した半額で提案してしまった。私も一度言ったことを撤回できなくなり、購入価格の半額で売ることを、渋々了承した。

問題は一年後に、このオルガンを置くスタジオを、森さんの茨城の実家に建てるまで、オルガンを置く場所がないことであった。引き取り手は、めでたく決まったものの、肝心な置く場所は決まらなかった。当面、楽器の置く場所を探すのが課題となった。

家と土地についても知人を通して何件かの問い合わせがあった。しかし条件が合わずに決まらなかった。幾つかの不動産屋に査定してもらい、高く値段を付けた会社から
「専任専属契約」

を結び、不動産屋を通して売りに出してもらうことにした。それでもなかなか決まらないでいた。オルガンを買った森さん親子の父親は不動産業をやっていた。

「オルガンを設置するためにスタジオを建てるので、完成するまでこのオルガンを、このまま音楽教室のスタジオに置かせて欲しい。この家と土地をスタジオの賃貸契約付きの物件として売りに出したらどうか」

　森さんは提案された。

　オルガンは売れたが置き場所が決まらず、ずっと家と土地も売れなかったので、この森さんの提案に賛同することにした。そして賃貸契約付きの物件として、以前お願いしていた不動産屋で引き続き宣伝していくこととなった。

　それでも売れないまま時間だけは過ぎ去り、私のドイツ行きも迫ってきた。時間切れで、どうすることもできなくなり、依頼していた不動産屋を解約し、森さんが営む不動産会社に家と土地の売却を全て任せることにした。買い手が付かぬまま、私は一人でドイツへと向かうこととなった。

　妻と子供達がドイツへ到着する三日前に、妻から突然ドイツへいる私へ連絡が入った。

「森さんが家と土地も買ってくれる！」

　妻が森さんに、近所の飯島さんの力添えもあって、家と土地の売却について交渉していたのである。私は全て時間が迫ったギリギリのところで物事が決まっていく様に、ただ驚くしかなかった。

これで家と土地、パイプオルガンは売れて、借金を返すことができ、ドイツで当分の間、家族で生活できる資金ができた。そのことに感謝すると共に、まずは肩の荷が下りた感じで、ドイツの空の下でホッとした。

5．パイプオルガン教室の崩壊

私の大学の仕事は、問題なく辞められる方向へ向かった。しかしドイツ移住を一番躊躇させる大きな要因は、音楽教室の存在であった。

もはやピアノの生徒さんは五十人を超え、オルガンの生徒さんは二十五人を超え、ヴァイオリンの生徒さんもいた。お願いしていたピアノの先生は五人、オルガンの先生は私の他二人、ヴァイオリンの先生も一人いた。

今後、生徒さんたちと先生、音楽教室をどのような形で引き継いでもらうかが問題であった。六月三〇日の音楽院十周年記念発表会が一つの区切りになると考えた。それまでは生徒さんたちに、我々家族がドイツへ行くことを、公表することを控えることにした。

特に生徒さんにとっては、発表会の準備で大変であるのに、それ以上動揺を与えて、演奏に集中できなくなるのを恐れた。しかし先生たちには、引き継ぎの件もあったので、発表会の約一ヶ月前に順次話すことにした。

「オルガンは特殊なので、今までのようにオルガンとピアノを一緒に運営していくことは無理である」

と私たち夫婦は考えた。

「音楽教室の管理をお願いしたい」

と思っていた三浦先生にオルガンのことまで任せていくのは、現実的に無理であった。

「音楽教室はピアノとヴァイオリンだけ残し、オルガンは各々の先生の個人レッスンで続けてもらえるように」

と考えた。特にオルガンに関しては、本物の楽器がないとレッスンが難しい。

「誰かにオルガンと家をセットで買ってもらって、オルガン教室を今まで通りに続けてもらえること」

がベストであった。

全てが自分たちの都合のいいように解釈してしまったので、うまくいくはずもない。この時点から音楽教室のこれまで保たれていた調和が、音を立てて崩れていくこととなった。

この音楽教室の場所は、最寄りの浅草橋駅からも近く電車の便も良かった。東京以外の埼玉、千葉、神奈川などの各方面からもアクセスが良く、駅から徒歩三分という便利な場所にあった。

今まで関わってきた多くの方々も、この場所を大変気に入って通って来てくださっていた人が多かった。

「音楽教室を絶対に無くしたくない」

という思いも強かった。ドイツへ私達家族が移住することは、かなり早くから伝えており、知り合いなどに音楽教室の引き取り手がいないかを探してもらっていた。

二人のオルガンの先生も楽器がなくなりレッスンできなくなることを心配していたので、いろいろな人に尋ねてもらっていたが決まらずにいた。そんな時、森さんがパイプオルガンを買ってくれた。

まずピアノの三浦先生に我々家族の移住と音楽教室の管理のことを話した。彼は驚いたものの、我々のドイツ移住を理解し、音楽教室を引き継ぐことを了解した。他の先生たちも理解を示し、残りは発表会が終わってから生徒さんに伝えるだけとなった。

発表会が無事終わった生徒さんには、まず私が作った文書で伝え、順次口頭でも伝えてもらうことにした。ピアノの生徒さんからは、今まで通り同じ先生と同じ場所（隣の新スタジオ）で習えるので何の抵抗も無かった。しかしパイプオルガンの生徒さんからは、急な知らせに驚き、スタジオの楽器でレッスンできなくなることへの不安と動揺が伝わってきた。

ピアノ教室は元々、外部の先生に任せており、我々がドイツへ行くことで代表者は変わるが、その他は何も変わることがない。しかしオルガン教室は、私が忙しくなったために他の先生に任せ、私の意志で思うように運営できなくなっていた。

その結果、生徒さんと先生の心を掴む事が難しくなり、生徒さんと先生も離れていく形になってしまった。それに加え今までレッスンして慣れ親しんできた楽器が使えなくなることへの不安や寂しさ、不満が講師と生徒さんの態度として、表面化してきたことを思い知らされた。

もう少し相手のことを考え、気を遣い、丁寧に説明し、それぞれの立場を理解しながら対応すべきであったと反省している。

これも自分の招いた失態で、何とも後味の悪い結末になった。この出来事を通して多くのことを、教えられ、学ばされることとなった。この時期には妻も私も、もうどうすることもできず後戻りできなかった。

6．引越し準備

私はまさに引っ越し人生である。父が中学校の教員をしていたので幼い頃は、長崎県内を転々とした。大学生になっても下宿を転々とし、ドイツへ留学し、帰国し、日本で就職した時も結婚するまでは引越しを繰り返していた。

そのお陰で日本のいろいろな土地を経験することができた。結婚し東京浅草橋に家を建てた時、

「そこが一生の安住の地である」

と思っていた。しかし、その十年後、家を売ってドイツへ行くこととなった。

それでも浅草橋の十年間は、私の人生の中で最も長く住んだ場所であった。引越しは大変であるが、身辺整理ができて、気分が一新するので短所ばかりでもない。

浅草橋に建てた家は、家族五人で都心の手狭な三階建ての住まいであったので、いつも物で溢れ返り、整理整頓し、掃除するのが一苦労であった。

私は物を溜め込み、散らかっているのが嫌いな性格で、妻は逆に捨てられずに、物を溜め込む正反対の性格であった。妻と家の整理や掃除のことでぶつかることも度々あった。私は、この家も、いつかは整理整頓したいと思っていた。

この家を売ることが決まり、引っ越しできることは整理整頓できるので爽快でもあった。

しかし、これだけの量の荷物をまとめて整理して、捨てるものとドイツへ送るもの、日本へ残すものを選別しなくてはならないと思うと気が遠くなる程であった。

それでも妻は、

「引越し業者には頼まず、自分で荷物を片付け、仕分けをしたい」

と言い出した。

そんな折しも暫く音沙汰が無かった浅草橋駅前に雑貨屋を営む飯島さんが急に訪れ、引越しを一緒に手伝ってくださった。

「不用品を全部引き取ります」

約一ヶ月間、彼女は我が家に通ってくださった。

その間に飯島さんの友人知人が何度も訪れ、いろいろな物を持って行ってくれ、大きな家具まで引き取ってくださった。

確かに引越し業者に頼めばお金は掛かり、短時間で全て綺麗に片付けてくれるので楽ではある。しかし妻は自分たちの物は自分たちで整理し、仕分けしたかったのだろう。妻は自分の手で荷造りできたので、さぞかし満足であったろう。

飯島さんは、引越しだけでなく家の売却まで手伝ってくださった。彼女は、いろいろな不動産屋を呼んで来ては交渉したようだ。私はドイツへ既に出発していたが、家を買ってくださった森さんとも直接、交渉を行い、いろいろアドバイスしてくださった。

妻の消極的な値段交渉も、飯島さんが後押ししてくれて、相場の価格で家と土地を売ってくださった。

妻も何から何までやってくれる飯島さんには感謝していた。

「なぜ飯島さんが自身の店の仕事を放ったらかしにしてまで、我々の引越しと家の売却に手を貸してくれるのか、ここまでやってくれるのか」

その時は理解できなかった。

「なぜ、そこまで私たち家族のために働いてくれたのですか」

と聞くと、飯島さんは、

「私が忙しい時に孫を預かってくれたお礼だからよ」

と笑顔で話してくださった。

この飯島さんのお陰で効率よく家が片付いて、家と土地まで売ってくれたのであった。彼女は、それだけの犠牲を払って、私たち家族のために動いてくれたのであった。私は彼女の真意を知り、とてもうれしかった。

この引越しでまとめた荷物は、ダンボールで約五十箱、そのうち約三十箱をドイツへ送りたいと考え、いろいろな運送業者に見積もりを依頼した。しかし運送費が思ったより高く、最終的に送ったのは半分の約一五箱であった。以前に比べて海外への運送費が高くなったのは当然であるが、自分が留学していた約二十年前よりも三倍近く値上がりしていることに驚いた。

荷物を送るために、いろいろな書類を揃え、審査も厳しくなっており、途中で何度も税関で検査を受けた。ドイツで受け取る時にも、わざわざ税関へ出向き、荷物を検査官の目の前で開封して受け取らなくてはならなかった。

海外駐在で引っ越しする人は、ほとんど全てのことを会社が代行してくれる。個人で海外へ引越しをする大変さを、身を持って体験した。テロ対策など以前に比べて、日本人が海外へ行きにくくなっているようにも感じた。

7．借金解消

千葉大学の教官をしていた時、子供が二人になり、賃貸で借りていた家が手狭になった。以前から自宅兼音楽スタジオを作り、そこにパイプオルガンを入れてピアノとオルガンのための音楽教室を作り、ピアニストでもある妻と一緒に運営していきたいと思っていた。

お金を借りるにしても、その時の私の年齢は家を建て、銀行から希望の条件でお金を借りられる最後の適齢期でもあった。子供が増えたのを契機に思い切って、その夢を実現することにした。

日本では珍しいパイプオルガン教室をやるためには、人が集まりやすい東京都心で、しかも千葉大学に通えるというのが必須条件であった。

インターネットによって浅草橋の土地を見つけた。東京都心でしかも家は防音仕様の鉄筋コンクリート作りにする必要があった。

普通の家より資金が必要で、同時にパイプオルガンも一緒に作らないと、資金の調達が難しくなると考えた。お金の工面が大変で、銀行ローンだけでは足りなかった。自分の貯金、妻の親からの借金、大学の共済など借りられるものは全て借りて、集められるものは集めて、やっと資金の目処がついた。

三十五年の銀行ローンと学校共済、義父母に借りたところ、月々の返済は大変な額になった。幸いなことに音楽教室には多くの生徒さん達が集まり、練習するためにだけピアノやオルガンを借りに来る人も後を絶たなかった。

パイプオルガン教室は地域やパイプオルガン界では知られるようになり、音楽教室は順調に稼働していた。音楽教室のパイプオルガンは教室用であったため、自分自身の練習は、大学の研究室に練習用の電子オルガンを置いていた。

東日本大震災の半年前に、一つのスタジオではピアノとオルガンをうまく回すことができなくなった。自宅兼音楽教室の東隣の古い空きビルがあった。そこの一階を借りて、もう一つのスタジオを作ることにした。

そこにもスタインウェイ・ピアノを入れ、リフォームしたため資金が必要となった。そのお金を借りるために音楽教室を株式会社にし、妻が名目上、社長となり、私は実務と院長を務めた。

音楽教室は東日本大震災まで順調に繁盛していたが、震災以降、初めて生徒が減り始め、音楽教室の成長も止まってしまった。

「日本人は生きていくのに精一杯で、習い事に時間とお金をかける余裕がなくなった」と感じた。

それでも何とか月々のローンを、返済できるだけの収入は得られていた。

ドイツ移住を決断したが、まとまったお金が必要であった。全てを売って借金を返済し、ドイツ移住の資金を作ることにした。家財道具など売れるものは、約三ヶ月間かけて約二十品目以上をインターネットのオークションで売った。

新しいスタジオのスタインウェイ・ピアノも最初はなかなか売れなかったが、ピアノの三浦先生の友人の楽器店に引き取ってもらうことができた。

家と土地、パイプオルガン、古いスタジオにあったシンメル・ピアノは森さん親子が買ってくれた。大学研究室にあった電子オルガンは、私の教えていたオルガンの生徒さんが買ってくれた。自家用車も車屋さんに引き取ってもらい、手当たり次第に売れるものは、全て売った。

「手放さないと、新しい物を得ることはできない」

と言わんばかりに、全てを手放した。

物に執着が無くなると楽な気持ちになることもわかった。

家と土地、新しいスタジオ、ピアノ、車、親からの全ての借金を精算して返済することができた。そして暫くの間は凌げるドイツ移住のための、ある程度の資金を作ることができた。

私は借金をすることで、これだけの事業を自分がやりたいようにやることができた。

「人生、一寸先は闇で、未来はどうなるかわからない」

当初の計画が思うように行かなくなることも考えなくてはならない。また人生、何が起こるかわからない。

「今後、借金で物を買い、何か大きな事業をするような冒険は止めよう」

と心に誓った。

「継続は力なり」

「凡事徹底」

堅実に生きれば道は開け、謙虚に地道に生きることの大切さを学ぶことができた。

8. 父と再会

私の父へのイメージは、我が儘で、利己主義で、家族を顧みなくて、恐くて、冷たい存在であった。

父は中学校教員を定年まで勤め、退職後、家に居るようになると躁鬱を繰り返し、実家は崩壊寸前にまでなった。やがて父は、精神科に入院することとなった。母は弟と二人の障がい者を背負うこととなり、その介護は大変なことであった。

元気な父を最後に見ることができたのは、約十四年前の、私が府中の森芸術劇場で結婚式を挙げた時以来であった。それから何度となく私が佐世保に帰省した時も、母は父のことを避け、話題にも挙がらなかった。

「父には会える状態ではない」

母は繰り返し、そう言うだけで、父とは一向に会わせようとはしなかった。

私も母の言葉を鵜呑みにし、父と会うことはなかった。母は躁状態になった父が恐怖で、彼からの電話や手紙を受け取らずに、五年以上も面会していない状態が続いていた。
母は父の
「成年後見人」
になっており、父の行動は制限され、家や土地などの財産やお金も母に管理されていた。入院中の父の行動は、病院で監視され、父の生活は母が握っていた。それでも母は、父の影にいつも怯えていたのであった。

二〇一三年、私がドイツ移住を決めた夏休みに、佐世保へ帰省した。

「当分の間、父に会うこともなくなる」

と思い、私は意を決して、母の反対を押し切って、実家から車で十分程度の精神科へ一人で面会に行くことにした。

病院に着き私は看護師に案内されて、頑丈な鍵の掛かった鉄製の扉を三回通り、広い食堂のような大部屋に通された。そこに白髪で力のない、一人の老人の後ろ姿が目に入って来た。

その老人に看護師が声を掛け、彼が私の方に振り向いた。私は、その老人が最初誰だかわからなかった。暫くして父であると認識したが、その変貌振りに唖然とした。私が思い描いていた十四年前の父は、黒髪が房々で背筋が伸びた、逞しい体付きの頑丈な男であった。

しかし私の前にいる老人は、白髪の短髪で、シワとシミだらけの弱々しい表情であり、右腕と右足を引き吊りながら歩き、右半身が不自由な痛々しい姿であった。

父も最初、私を誰だか認識できなかった。暫くして息子が来たということが分かったのか、

「あっ～」

と奇声を発した。

別室に通されて暫く父と話す時間が与えられたが、うまくコミュニケーションが取れなかった。その反応は遅く、話し方は舌足らずで、口が不自由で、認知症も患っているように感じた。父は、この施設に入れられて、今日までの約六年間、一歩も外に出ることはなかった。母とも連絡が取れない状態で、

「とにかくここを出たい」

と言うだけだった。

しかし、その時私には何もしてやることはできず、宥める事しかできなかった。話には聞いていたかもしれないが、私が持って来た娘三人を撮った家族写真と、私の一番新しいＣＤを渡した。初めて見る三人の孫と、私のＣＤに見入るように暫く眺めていた。

三人の娘と父は、未だに会ったことがない。この状態が続いていることに、私は心を痛

めている。しかし私の家庭が崩壊し、家族が離れ離れになった今としては、どうしようもない現実で、いつ会えるかもわからない。

三十分ぐらいの面会を終え実家へ帰る車の中で、私は止めどもなく涙が流れ、初めて一人大泣きをした。それは父親の変貌ぶりにショックを受けたことと、この十二年間、母の言葉だけを鵜呑みにし、父に会おうとしなかったことへの後悔と、この過ぎた時間は取り戻せないことを認識したからである。

そして母の言うように父は、

「もはや恐れおののくような存在ではなく、ただ外へ出たい」

と願うだけの、希望も楽しみも何もない無力な老人の姿であった。それは世界で唯一の大切な父であるにも関わらず、今まで何もすることができなかった自分への反省でもあった。

このままでは東京に戻れないと思い、翌日、尻込みする母と弟を連れて、再び父の病院へ面会しに出掛けた。何年振りかわからないが久しぶりに家族四人全員が揃った場面であった。

それでも母は父に向かって不平不満をぶつけ、時には叱責する状態であった。弟も十年以上、父と会っておらず、お互いに状況が掴めなかったのか、言葉を交わすことは殆どなかった。

久しぶりの家族水入らずは、あっという間に終わり、別れ際で父は母に向かってひとこと言った。

「ここから出して欲しい」

私は、父を許すことができない母の頑なな心を変えることもできずに、また相容れない家族のあり方を、どうすることもできないまま、佐世保の地を後にした。

9．ホメオパシー

私の子供達は幾度となく重病や重傷を患い、その度に親としては眠れぬ夜を何度も経験した。妻は、

「ホメオパシー」

なるものを実践して、それによって子供達が癒されていくような、錯覚を何度も味わった。

その時はホメオパシーを信じるか信じないかではなく、最後の手段として藁にも縋る思いで、ホメオパシーに頼らずにはいられなかった。もちろん西洋医学で最善を尽くし、どうにもならない状態の時に、代替の民間療法としてホメオパシーに頼る妻の気持ちは理解できないでもない。

しかしホメオパシーは、病院で受ける医療行為とは区別しないと、手遅れになり、取り返しのつかない危険な状態を作り出すこともあることを、念頭に置かねばならない。

長女が新型インフルエンザにかかった時のことである。妻は予防接種にも疑問を感じていたので、子供達にはインフルエンザの予防接種を受けさせていなかった。長女の高熱が何日か続き、風邪薬とホメオパシーのレメディ（砂糖玉）を使っていた。しかし一向に熱は下がらず、病状は悪化の一途だった。

東京大学付属病院に救急外来で行った時には、インフルエンザは脳症まで病気が進行してしまっていた。長女は危篤状態に陥り、タミフル投与などありとあらゆる手を尽くしてもらい、何とか命を取り留めることができた。

あと少し東大病院に行くのが遅れていたら、恐ろしい結果になっていたかもしれない。どちらにしてもホメオパシーの過信が招いた災いであった。

私は以前から妻が行っていたホメオパシーを懐疑的に捉えていた。ある時、私が風邪気味で調子が悪く、妻が勧めるレメディを飲んで眠りに付いた。翌朝起きようとしても床から起き上がる事も、立ち上がることもできなくなった。

「ホメオパシーの好転反応である」

と妻は言った。

別のレメディを飲むと、暫くして再び何も無かったかのように、立ち上がることができた。この時、妻の暗示にかかったのかもしれない。風邪による体調不良もレメディによって、治ったかのように錯覚したかもしれない。

今、冷静に考えてみると、たまたま善くなる時期と、レメディを摂取した時期が同じだったかもしれないし、ホメオパシーによる治癒かどうかは証明できない。

「ホメオパシーは万能である」

という暗示から癒されたように感じたのかもしれない。

「病は気から」

病気と心理状態は、密接に関わっており、この薬が効くと思って飲むのと効かないと思って飲むのとでは、その効果が違うと言われている。また人間は偶然が重なると、あたかも真実であるかのように、錯覚してしまう生き物である。

現在の研究でもホメオパシーの効果は、プラセボ（偽薬）効果以上はないとされている。

元々この世の中には、

「魔法の薬など存在するはずもない」

冷静に考えればわかることである。

ホメオパシーとは、ドイツ人医師ハーネマン（一七五五〜一八四九）が創始した医療体系で、代替医療、民間医療に属し、現代の科学的医療とは異なる。

日本では、

「同種療法」

と訳されることもある。病気の症状および患者の状態に応じて、その症状と類似した症状を引き起こす物質からできた砂糖玉（レメディ）を使って、治療を行うことを特徴とする。レメディは自然の物質をアルコールで抽出したチンキを、蒸留水で希釈を繰り返して、分子が残らないレベルにまで薄める。さらに容器を激しく振り、衝撃を与えて作られる。

一般的に治療に用いられるレメディは、このチンキを十の三百乗倍に希釈したことになり、理論上レメディの中に元の物質の分子は含まれていないことになる。希釈を繰り返し振って衝撃を与えることで、物質の持つ固有のエネルギーが解き放たれ波動として水に写し取られる。

これが病気の人、動物のエネルギーに働きかけて自然治癒力を高めるとされている。現代の科学で作用を説明することは不可能である。実際の治療は、このレメディをショ糖や乳糖の粒に染み込ませて、砂糖玉として服用する。

妻もこの砂糖玉のレメディを何種類も、いつも持ち歩いていた。日本ではホメオパシー薬が、医薬品ではないことから、ホメオパシーに通じ治療を行う者は必ずしも医療者でなくてもいい。

理論を学べば民間療法として、誰でも使うことができる。現代科学の観点からすると、ホメオパシーのレメディの効き目は、プラセボ効果以上のものはないとされるのは理解できる。

効果がない以上副作用もないのは当然であり、症状が良くなる直前に一時的に悪化する。「好転反応」と呼ばれる事象が起きることがあるという。

誤った使い方によって弊害が出る場合がある。二〇一〇年に山口地裁に損害賠償請求訴訟が起こされた事件である。

ホメオパシー団体に所属する助産師が、乳児に必要不可欠なビタミンKを投与せず、ビタミンKと同様の効き目を持つとするホメオパシーのレメディを投与した。結果的にビタミンK欠乏性出血で、乳児が死亡した報道があった。

ホメオパシー理論そのものは、現代医学を根本から否定するものではない。しかし化学物質と、それを使う現代医療を否定するあまり、ホメオパシーを盲信する人もいる。

ホメオパシーは発祥の地ドイツをはじめ、欧米諸国やインド、中南米などで浸透しており、公的医療保険の適用される国もある。

科学で立証不可能として排除される一方で、根強い人気があることも事実である。新しい研究も続けられており、現代の医学が本当に万能かという哲学的、心理的な疑問も内包する存在になっている。

10. コールドリーディング

ある日、妻が私に言った。

「ドイツへ出発する前に、是非ともヒーリングを受けて欲しい」

私は半信半疑でヒーラー上田さんのヒーリングを受けることにした。

上田さんはアメリカに何年も住んでヒーリングを学び、ヒーラーとして活動している人であった。二〇一三年八月上旬、自宅の静かな部屋で上田さんと私は、二人きりになり、瞑想を深めつつセッションを行った。

彼によると今後、第一に

「名前の問題」

が出てくることを指摘した。私は、

「紙屋」

姓で生まれ活動してきた。結婚後は妻の姓である
「山田」

を戸籍上の姓とした。仕事や音楽活動は引き続き
「通称・紙屋」

で活動した。子供達は妻の姓、

「山田」

であった。

　ところで、

「なぜ妻の姓に変えたか」

というと、特段深い訳があるのでもない。妻もピアニストとして今後活動を続けるのであれば、

「旧姓・山田」

の方がいいと思ったからである。結婚当時、婚姻届の姓の欄にチェックを入れるだけの簡単なものであった。

　上田さんはアドバイスした。

「山田は普遍的でいいが、紙屋には力がある。今後、音楽家として活動するには、紙屋を

残すべきである」

　第二に上田さんは、

「Religion」

が問題であると指摘した。私は母方の祖母に連れられ、幼い頃からプロテスタント教会の日曜学校へ通っていた。私の両親による家庭不和からの逃避も手伝って、佐世保のプロテスタント教会で中学校三年の時に洗礼を受けてクリスチャンになった。

　その後、パイプオルガンをやるにも教会の存在は不可欠で、自分としては何の違和感もなく教会とは繋がってきたと思っていた。この時、上田さんの言った、

「宗教の壁」

の意味がわからなかった。

　第三に上田さんは、

「ドイツ人の壁」

を指摘した。

「今後ドイツ人とのコミュニケーションが鍵となる」

と言った。

　私としては、震災後ドイツ語にも力を入れて取り組み、ドイツ文化研究は、私の趣味であった。元々ドイツ人気質は好きで、ドイツの合理主義に憧れていたので、この時、彼が

言っている意味がよくわからなかった。

このヒーリングを受けて、何となく清々しい気分になったので、ヒーリングの目的は達成されたのかもしれない。

冷静に考えてみると彼の指摘は、私が現在まで取り組んできた問題を単に挙げたに過ぎない。


「コールドリーディング」

という話術がある。私は、その話術にはまり、あたかも言い当てられたと錯覚してしまった。

つまり人間は、何か不安や悩み事がある時に共感されると、その悩みを言い当てられ、心を読まれたと錯覚するのである。

どちらにしてもヒーラーは預言者や占い師、超能力者の類ではないのである。彼らの言うことを、どう捉えるかは人それぞれであるが、言われたことを鵜呑みにすることは危険だと認識した。

東京浅草橋にあったオルゲル音楽院（上）

若かりし頃の著者（下）

第四章　ドイツの暮らし

1．旅立ち

家と土地、パイプオルガンを売って、大学を退職し、ドイツへ移住する準備は大変であった。八月の猛暑の続く中、まず三年半使った大学研究室の片付けである。今回の研究室の片付けは、次の引っ越し先が決まっていないので、荷物をどう処分するかが問題であった。

今まで溜めてきた書籍類を、かなりの量、処分しなくてはならなくなった。本や楽譜、CD、DVDに加え、テレビやビデオデッキ、冷蔵庫、掃除機などの電化製品もあり、ダンボール箱六十箱でも足りない位であった。どうしても必要な物だけを残して、思い切って処分し、最終的に八箱にまとめることができた。

家の引越しは、私は捨てられる人であるが、妻は捨てられない人で何を破棄し、残すかで揉めたりもした。ドイツに送らない物は暫くの間、妻の実家に置かせてもらうことにした。

十年間、家族五人で生活してきた荷物の量は、半端ではなかった。しかもドイツへの運送料も高いため、何でも送ることはできない。荷物を減らすために、いろいろな人に引き取ってもらったり、オークションで売ったりした。それでも合計五十箱ほどになり、その中で私の荷物は、六箱程度にまとめることができた。

銀行口座やクレジットカード、保険の解約も大変であった。家族だけでなく音楽教室もあり、ずっと使っておらず、眠っている銀行口座も幾つかあった。そしてドイツへ送金するための、新しい銀行口座の開設手続き、子供達の小学校の手続き、お役所での届け出など、海外転出のための仕事は山ほどあった。

なお家と土地の売買契約が終わるまでは、本籍・戸籍謄本や住民票、年金、健康保険など、お役所関係の移動はできなかった。そのため家の売買契約を結ぶときに、一時帰国することが必要となった。

私は何よりも九月四日のドイツ小学校への子供達の編入を、間に合わせるために全てを優先させた。まず先発である私の八月一七日の出発に向けて、時間との戦いであった。

引っ越しは、ただでさえ大変であるのに、日本国内の引越しと違って、海外引越は大変である。しかも引越し先の決まらない、全く先の見えない状態で、日本を出発する大冒険である。

私の出発後、二週間後に妻と子供達が来るように設定した。それまでに私は、

「家を決めて、子供達を受け入れる準備をし、子供達のドイツの小学校の入学手続きをし、入学を間に合わせなければならない」

と考えた。妻も私も寝る間を惜しんで、移住の準備をした。

出発の日、国際線に乗るのは十二年振りのことで、久しぶりの成田空港であった。空港までのアクセスも良くなり、都心から一時間もかからなかった。特大のスーツケース一杯に荷物を詰め込んで、チェックインした。

「二十キログラムオーバー」

と言われ、二百ユーロを追加料金として払ったことは、出鼻を挫かれた思いであった。

まずコペンハーゲンまで飛んだが、ほとんど満席で日本人は三分の一程度であった。コペンハーゲンでは、乗り継ぎ時間が約二時間あり、以前この空港に訪れた時のことを思い出した。さすがに十年以上も前の話で、ほとんど覚えておらず、とても新鮮な感じがした。

降りた途端に久しぶりのヨーロッパの風を感じ、香水の匂いが漂い、整然とした様子に西洋の合理性を感じた。これからの不安もどこ吹く風で、ドイツへ再び行けることに対して喜びが込み上げて来た。

その後、コペンハーゲンから左右二列ずつの小さな百人乗りぐらいの小型機で、デュッセルドルフへ向かった。少ない日本人の中、たまたま観光でコペンハーゲンに来て、ドイツへ帰る途中の日本人夫妻と隣り合わせになった。

いろいろ話をすることができ、ドイツの情報を仕入れることができた。彼は日系企業のドイツ工場で仕事をし、デュッセルドルフ郊外に五年以上住んでいるという。普段は、あまり日本人と接触しない生活が続いていた。

「このままずっとドイツで働きたい」

と言っていた。

デュッセルドルフ空港に着くと、第一印象はとても静かで人が少なく感じた。ここも香水の香りがして、美しく整然とした造りで、とても綺麗な空港であった。

電車で日本人夫婦と一緒に中央駅へ向かった。そこで、その日本人夫婦と別れ、

「困ったら連絡するように」

と連絡先をもらった。

私は日本でインターネット予約していた、中央駅前のホテルへ向かった。

ホテルの周りは歓楽街で暗く、あまり風紀の良くない、騒がしい雰囲気であった。肌の色の違う外国人が多く、治安の良さそうな地区ではなかった。ホテルは贅沢ではないが、清楚で清潔感が漂っていた。バスタブはなかったが、液晶テレビもあり、ＰＣが使える環境のシングルルームであった。

久しぶりのドイツ語は最初、ドイツ人のスピードに付いて行けず、聞き取るより話すことが難しい感じだった。ホテルへ到着後、夜ではあったが、九時過ぎまで日光で明るい外

を散策し、中央駅で夕食と飲み物を調達した。

ＰＣを接続すると日本の情報はもちろん、日本と同じようにいろいろな情報が見られるようになっていた。当たり前ではあるが、二十年前と時代は変わったことを実感しながら、久しぶりのドイツの一夜を、感慨深く過ごした。

２．ドイツの教会

到着したのが土曜日の夜だったので、翌日の日曜日は教会へ行くことにした。ドイツでは駅やレストラン以外は、日曜祝日は全て休みである。そのことは約二十年前と何ら変わることはない。変わったことと言えば、平日と土曜日の店の営業時間が、夜遅くまで延長されたことである。

ドイツの法律が改正されて、日曜日以外は営業時間を、店が独自に決められるようになった。以前は考えられなかったが、夜の一〇時まで営業しているスーパーを見ると、「ドイツも変わったなぁ」と感心する程である。

日曜の朝に久しぶりで懐かしい、コンチネンタル・スタイルの朝食をホテルで済ませ、旧市街の教会へ向かった。

中心街のマルチンルター広場のヨハネス教会は、デュッセルドルフ最大のプロテスタント教会である。一八七五年に建てられたヴィルヘルム皇帝記念像の前にあり、見かけは古い外観の、典型的なバロック様式でレンガ造りの教会である。内部は白を基調とした、近代的で明るい雰囲気の教会であった。

久しぶりに本物のパイプオルガンが、祭壇の向かいの会衆の背中にあった。

「天から音が降ってくるような響き」の奏楽で礼拝が始まった。本来ならば優に千人以上入るような会堂は、五十人足らずの会衆しかおらず、しかもほとんど老人であった。

パイプオルガンの外観は立派で、それにも劣らず演奏も見事であった。特に何曲かある讃美歌の出だしの前に、即興で演奏される前奏は見事であった。忘れていたドイツの感覚が蘇るような、鳥肌の立つ思いであった。自分が今ドイツにいることを改めて実感しながら、一人感動的な時間に酔いしれていた。

一時間足らずで、その教会の礼拝は終わった。次に行く教会を探そうとしているところ、その教会員で、長くデュッセルドルフに住んでいるという初老の女性が、声を掛けてきて案内してくれた。彼女は、昔のデュッセルドルフの話や、家族の話をし、楽しい雑談をすることができた。

同じ中心街で旧市街のど真ん中にある、カトリックの聖ランベルトゥス教会は、塔の先が曲がっているのが特徴である。デュッセルドルフを代表するランドマーク的な建物であった。教会内は一三九四年に街の守護神に制定された、聖アポリナーリスの聖遺物が奉納されている歴史的な教会である。

この教会のミサは、先程のプロテスタント教会よりは断然人が多く、二百人以上はいたであろう。ここも若者が少なく、老人や年配者が中心であった。噂には聞いていたがドイツ人の教会離れは、一層深刻化しているのが肌で感じられた。

ここのオルガンも見事で、演奏も素晴らしかった。十二年振りのドイツの教会に、一人感動しながら、午後からは予め調べておいた、プロテスタント日本語教会へ向かうことにした。

約二十年前のシュトゥットガルト音楽大学に留学していた頃、現地のプロテスタント日本語教会に月一回通っていた。そこで多くの日本人と知り合い、いろいろ助けてもらったことを思い出す。

ここデュッセルドルフは、日本人が五千人以上住んでいるとあって、日本の様々なコミュニティーが形成されている。外国において日本と同じような生活ができる、数少ないドイツの街である。

ヨーロッパではロンドン、パリに次いで日本人が多く住んでおり、街の規模からするとヨーロッパで一番、日本人の人口密度が多い都市である。ここの日本語教会は、毎週二十人から三十人前後の日本人や日本語に興味のあるドイツ人が集まって来ている。

オーバーカッセルという日本人が多く住む地域の、ドイツ人教会を借りて、午後二時から毎週日本語で礼拝を行っている。牧師は決まっておらず、ドイツ中から、日本語の話せるドイツ人宣教師を招聘していた。牧師が来ない時は、信徒が交替で説教を行うこともある。

この教会堂は近代的でモダンなコンクリート造りで、二百人程度収容スペースがあり、天井が高い。ここのパイプオルガンは、新しくモダンな造りで、かなり規模の大きな楽器で、会衆の背中合わせの聖歌隊席の上に、所狭しと置かれていた。このパイプオルガンを弾きこなせる日本人のオルガニストはおらず、ピアノを中心に奏楽していたのは、とても残念であった。

日本語教会の会員は、ドイツ人と結婚している日本人、日本の企業から駐在で来ている人、大学生が多い。その他、現地採用の日本人、以前日本に関わっていたドイツ人など様々な境遇の人たちが集まって来ていた。

全員プロテスタントの洗礼を受けたクリスチャンではなく、求道中の人もいれば、「日本人と交わりたい」と思い、通って来ている人もいる。日本人の一パーセント足らずがクリスチャンであることを考えると、多くの日本人が、この教会に関わっていた。

しかし改めて、このドイツ人社会において、毎週日本語で日本と同じようにプロテスタント教会の礼拝を行っている様子は、どこか不思議に感じられた。

この到着最初の日曜日の三つの教会の出来事は、とても印象深く、ドイツに来たことを改めて実感することができた。

今まで日本ではオルガニストとして、オルガン奏楽でしか教会に出席していなかった。その意味でも一会衆として、とても新鮮で、久しぶりに味わうキリスト教と、オルガンの醍醐味を味わうことができた幸せな一日であった。

3. 家探し

ドイツでは月曜日から金曜日まで、殆ど全てが午前八時からフル稼働で朝が早い。

「家族が到着する二週間後までに住居を探し、寝る場所を何としてでも確保しなくては」

と思っていた。


　早速、月曜日の早朝から家探しを始めた。時間があれば地元の新聞の広告欄で家を探すと、安い良い物件を見つけることができる。多くのドイツ人は家を探すとき、不動産屋を通さず、個人で探すのが一般的である。


　しかし私の場合、この十日間が勝負であったので、

「不動産屋を頼って時間を短縮するしかない」

と思っていた。しかも仕事も収入もない家族に、家を貸してくれるかとても不安であった。事情を理解してくれる日本人の不動産屋に、頼ることにした。


　インターネットで日本語対応できる不動産屋を探し、直接電話をしてみた。最初にコンタクトしたところは、日本でも多くの支店がある有名不動産チェーン店であった。


　旧市街にある店を訪ねてみた。小さなビルの三階にある小奇麗な事務所に通された。

「ドイツに八年間住んでいる」

という若い男性社員に、インターネットで物件を見せてもらった。夏休みということで、私が希望する物件は少なかった。

「家族が住むことができる三部屋以上の物件はかなり難しい」

と言われた。

それでも家具なし雑費込で、月九百ユーロ程度の物件を、一件ではあったが見せてもらった。この時は円安のため一ユーロ約一四五円で、ドイツ人は一ユーロ百円感覚で使っている。しかも仕事が無い私にとっては、不動産の提示する金額はとても高く感じた。

次に伊藤不動産という日本のインターネットで、一番に目を付けていた不動産屋に連絡して店の方に直接伺った。そこも物件が少なく、夏休みの期間は難しかった。それでも、「日本人に貸したいと頼まれている物件が一つあります」と言われた。

「下見できる」

ということで、物件を見に連れて行ってもらった。日本人街のインマーマン通りから車で二十分ぐらいの所で、デュッセルドルフ北部の閑静な住宅街に、そのアパートはあった。

築四十年ぐらいの建物で、ドイツでは戦後建築の、まだ新しい物件である。リフォームなどされておらず使い古しのままで、広さは八五平方メートル、家具付き暖房費込みで、月千ユーロであった。

家具や設備が古く、以前借りていた日本人が使っていたままで、絨毯や埃が気になった。しかし家具付きで、この家賃は魅力的に感じられた。

次の日の朝に訪ねた不動産屋は、ドイツの不動産屋で、日本人の年配の社員が応対してくれた。

「ドイツの法律で一人当たりの住居の面積が決められており、それより狭いところには住めない。家族五人で住宅を探すことは、とても難しい」

更に彼は、こう付け加えた。

「仕事もない人には、誰も家など貸さない」

そこでは物件さえ紹介してもらえず、ただ彼の説教だけを聞かされたようで、とても落ち込んだ。


気を取り直して次の不動産屋に問い合わせた。車で迎えに来てもらって、

「幾つか物件を見ることができます」

ということで、連れて行ってもらった。まず初めに日本人が多く住むデュッセルドルフの隣町、メーアブッシュ市のアパートを2軒内覧させてもらった。とても綺麗で設備も新しく、交通の便も良かったが、値段が高く手が届かなかった。

その後に見せてもらった物件は、日本人学校のすぐ近くのアパートで、日本のスーパーも近くにあり、とても便利で環境も良かった。しかし月千五百ユーロは、決断することができなかった。

日本人の不動産屋は、日本人相手で、しかも駐在の人が中心である。日本企業が家賃を

払ってくれるところがほとんどなので、日本人が気に入る、綺麗で素敵な家賃の高い物件が中心になるのは理解できる。我々のような学生身分で、しかも収入のない家族は、どうすればいいか途方に暮れた。

いろいろ考えた末に、次の日、気になっていた月千ユーロの物件に決めようと、また再び伊藤不動産に行った。

「二日前、紹介された物件に決めたいです」

「大家さんに許可をもらうために時間をください。後日、連絡します」

二日後に伊藤さんから連絡が入った。

「大家さんと連絡が取れて入居を許可してくれました。契約をするために、指定口座へお金を振り込んでください」

私はドイツの銀行口座を、まだ持っていない上に、銀行のＡＴＭで一日に下ろせる限度額は五百ユーロであった。契約の時に必要な家賃の五ヶ月分の前払いなど、持ち合わせているはずもなく、調達もできないため困り果ててしまった。

それでも大家さんと伊藤さんの取り計らいで、銀行口座を開いて日本からお金を送金してもらい、それが届くまで本契約を待ってもらうことにした。そして家のお金が届いてから、正式契約を結んでくれることとなった。

不動産会社の伊藤さんは三十年以上ドイツに住んでおり、東ドイツ時代の、まだベルリンの壁がある時代のこともよく知っていた。彼は様々な困難を乗り越え、このデュッセルドルフで小さいながらも不動産屋を営んでいた。外国に住むことの大変さもはもちろん、我々の状況もよく理解してくれた。

大家さんは休暇旅行中であるため、その帰りを待って契約し、それまで家は使っていいことになった。ホテル住まいであった私としては、なるべく早くホテルを出たかったので、寝る場所が確保できてとてもうれしかった。

私がドイツに到着して丁度一週間で、仮契約を結び、その家に入居することができた。伊藤さんやドイツ人オーナーの親切と、対応の早さに感謝する思いであった。二週間で家を見つける目標を達成でき、一つ目の大きな難関を突破し、ホッとした思いで肩の荷が下りた感じであった。

4. 各種届出

観光目的以外で三ヶ月以上ドイツに滞在する場合、住所が決まったら一週間以内に、最寄りの住民登録局で住民登録をしなければならない。デュッセルドルフ中央駅裏にある、住民局へ行った。

十ヶ所ぐらいの仕切りに机が並べられ職員が座っており、番号で呼び出されるようになっていた。二十分ぐらい待ち、男性職員が対応してくれた。パスポート、滞在目的、住居を確認できる家主のサイン、家族構成などを確認され、何の問題もなく十五分ほどで申請は完了した。

ところで日本では、

「マイナンバー」

という国民総背番号制度が、二〇一五年一〇月からやっと始まる。

ドイツでは納税者ＩＤ番号が住民登録後、全ての家族人数分の番号が書かれた手紙が届く。これは以前の紙の納税者カードに代わって登場したが、電子データのＩＤ番号で、ドイツ国内の納税者を十一桁の数で統制している。

毎年の収入と税額を電子化するシステムで、仕事をする際に必ず必要になる。個人の姓名や性別、学歴、生年月日、住所などがドイツの納税者ＩＤ番号に登録される。この番号は、転居や転職といった場合でも変更されない。

日本の介護保険制度は、ドイツの介護保険が模範となったが、日本では新しいものへの抵抗は、欧米に比べて根強く保守的な人が多いと感じる。日本は海に閉ざされ外敵から守られてきた歴史と環境、気候なども影響しているかもしれない。

今の安定した状態を維持しようとする人がドイツより明らかに多い。その意味でドイツは、日本より革新的で、新しいものを積極的に取り入れていく姿勢と意気込みを感じる。長年の通貨ドイツ・マルクを、ユーロに切り換えたことは記憶に新しい。

その後、住民登録の確認書を持って、銀行口座を開くために、伊藤不動産で紹介してもらった銀行の日本人スタッフを訪ねた。約二十年前の留学の時も、同じような流れで銀行の手続きを行った。


留学時の南西ドイツのシュトゥットガルトでは、在留日本人は少なく、日本語で対応できるシステムはなかった。当時、たどたどしいドイツ語を使って、全て一人で手続きを、四苦八苦して行った記憶が蘇ってきた。

ここデュッセルドルフは日本人が多いだけあって、銀行も日本人スタッフが常駐し、日本語で対応してくれる。やはりお金のことで聞き漏らしがあってはいけないし、専門用語の多い話を日本語で説明してくれるのは、とても有難いし安心である。デュッセルドルフの日本人社会の威力を、改めて感じたのであった。

ビザ対策のためではあったが、無職で身分が定まらず、何の保証もない状態は、とても辛く不安であった。唯一、自分は何者であるかを証明してくれる頼みの綱は、学生になって学生証をもらうことだと考えた。

　以前の留学でもそうであったが、ドイツでは学生は優遇され身分が保証されていた。学費が無料で、健康保険は安い掛金で加入でき、各種の割引があった。特にコンサートやオペラなどを見に行くときは、学割があり、格安で通っていた。その学生証をもらうために、ケルン大学へ向かった。


　ケルンはデュッセルドルフの約四十キロメートル南に位置し、ノルトライン・ヴェストファーレン州最大の百万人都市である。ドイツ最大のゴシック建築で、世界遺産でもある「ケルン大聖堂」のドームがあり、デュッセルドルフより文化的で歴史的な大都会である。私もドイツの中でケルンは、好きな都市の一つである。

　電車を乗り継いで大学へ着いたが、とても広いキャンパスに、どことなく懐かしさを感じた。久しぶりにドイツの学生気分を味わった。百ユーロの登録料を払い、学生登録は何の問題もなく終わり、聴講生ではあるが黄色い紙の学生証をもらうことができた。

　学生登録の帰り道にケルン郊外に住む、シュトゥットガルト音楽大学時代の友人である、作曲家の菅野君の家へ向かった。ケルンから更に東へ約一時間電車に乗って、アウという何もない無人駅へ到着し、彼が車で迎えに来てくれた。

彼の住んでいる村は、牧歌的な雰囲気の漂う典型的なドイツの片田舎で、以前訪れたことがあった。彼は、ここに二十年近く住んでいる。作曲しながら教会でオルガンを弾き、聖歌隊の指導を行い、三人の幼い子供とドイツ人の奥さんの家族で細々と暮らしている。

原発事故後、菅野君は福島県出身の作曲家ということで、ドイツのマスコミでも取り上げられた人物であった。最近では、

「ＦＵＫＵＳＨＩＭＡ」

のことも忘れられ、再び静かな生活に戻ったという。


日本は音楽家として生きていくのは大変である。クラシック音楽の本場であるドイツも昔は良かったが、今は音楽文化振興に費やす予算も削減され、音楽家として生きていくのは難しい時代になっている。しかも彼が住んでいる所は、農村地帯でドイツの中でも文化の香りがするような所ではない。

時間の流れがゆっくりと感じられるような、日本とは全く別世界である。ドイツの暗さや重さ、寒さが身に染みるような田舎である。

彼は、

「仕事さえあれば日本に帰りたい」

と言っていたので、私が日本の定職を捨てて、ドイツに移住して来たことが理解できない

様子であった。このドイツ移住に関して彼にも相談していたが、終始、反対していたことは頷ける。三十年以上ドイツで住んで、ドイツの良さだけでなく、欠点や厳しさを知り尽くした彼からのアドバイスは、説得力もあった。

彼は最も適切なことを言ってくれてはいたが、私には、もうその時、彼からの忠告を聞く耳を持たなかった。

今となっては、その忠告を振り切って、ドイツ移住を選択し決断した私達家族を、驚きと呆れた顔で見ていたことは理解できる。それでも久しぶりの親友との再開は嬉しく、近くに彼がいることを心強く、頼もしく感じた。

5. 家族のドイツ到着

私のドイツ到着から二週間後に、妻と子供達のドイツ行きの航空券を予約していた。

「家族のデュッセルドルフ到着は、動かせない」

「家を探し、できる限りの手続きを済ませ、家族が住める状態にしなくてはならない」

と思っていた。それまでに残り一週間しかなく、準備は大変であった。

しかも、このアパートは半年以上誰も住んでおらず、不用品やゴミが散乱していた。その不用品の片付けと、埃まみれで汚れていた家中を、一人で住める状態に掃除するには、とても骨が折れた。それでも何とか最低限の受け入れ態勢が整った。

二週間後、私が降り立った同じ空港へ、晴れて家族を出迎えに行くことができた。家族はフィンランドのヘルシンキ経由でドイツへ向かった。娘三人は九州へ何度か飛行機に乗ったことがある程度であった。海外へ十二時間以上の、しかも乗り換え付きのフライトは、初めての子供達にとっては、とても疲れることだったと思う。

三人は幼いながらもリュックサックとトランクを各々持ち、持てる力を振り絞って、到着ゲートから元気そうな顔で出て来た。二週間振りとはいえ子供達も私も、それぞれが、いろいろ経験し、一段と成長したようで、感動的な再会を果たした。

子供達も初めて見る景色に興味津々で、不安と期待が交錯していた。ドイツの我々の新しい住まいに初めて足を踏み入れた時は、嬉しさの余り大はしゃぎだった。

我々大人でも慣れないのに、子供達にとって見るもの聞くもの全てが不慣れで初めてである。そのストレスは、大人と比べものにならない程、大変なものであったと想像できる。しかし子供の環境への適応能力の早さも、目を見張るものがあった。

金曜日の夜に到着したので、旅の疲れを土日で癒した。月曜日に私の時と同じく、まず住民局で住民登録を済ませた。その後、銀行で妻の口座を開設し、不動産の伊藤さんの所へ、家族揃って挨拶に行った。

子供達を九月四日までに、現地の小学校へ入学させることが第一目標であった。そのために私達家族は、みんなで一緒に協力して動いた。入学させたいドイツの小学校は、私達の住まいから歩いて三分程度の近所にあった。

編入の希望を伝えるため私は、予め小学校へ何度か連絡を取ったが、夏休み期間中で連絡が取れずにいた。最後は直接、小学校に行くしかないと考えた。

私は家族が到着してすぐに、家族全員を連れて小学校が始まる一日前に直接、入学の申し込みに出掛けた。事務所は空いており、かなり待たされたが新任の校長と面談できた。

「三人ともドイツ語が全くできない」

と言うことで、各々一年ずつ落第させ、娘たちは四年生と三年生、一年生として受け入れてもらうことになった。

妻はビザと健康保険対策に、私と同じように学生になる方がいいと考えた。彼女のドイツ留学以来、再び学生になるために、日本でデュッセルドルフ音楽大学の教授と連絡を取り、準備をしてドイツへ来た。学生登録手続きをするために、妻と私は音楽大学へ向かった。

妻は約十五年前にもデュッセルドルフ音楽大学を受験したが、合格はしたものの、年齢制限で学籍をもらえなかった。それでも南ドイツのトロージンゲン音楽大学に入学でき、ドイツ留学した経験がある。妻にとっては、その時以来のデュッセルドルフ音楽大学であった。音楽大学の事務所に行くと、まだ休み期間中で手続きができない状態であった。

「聴講生ではビザを取ることができない」

事務職員が教えてくれたが、どうにかならないかと懇願した。

「正規の学生でのみ、ビザは取得できる。それ以外は無理である」

その後、絶望に打ちひしがれた思いで、デュッセルドルフ音楽大学の聴講生になることを渋々諦めた。

私が簡単に学生登録できた、同じケルン大学の聴講生になる方が得策ではないかと思い付いた。次の日、早速、妻はケルン大学へ学生登録するために大学へ向かった。そして、その場で簡単に聴講生の手続きを済ませることができた。しかし、

「簡単に聴講生の学生証を手に入れた」

ことが問題になるとは、この時知る由もなかった。

6．ドイツの小学校

ドイツの小学校は基本的に、その年の六月三〇日までに満六歳になった子供が、新一年生の対象となる。将来どのコースを選択するかに関係なく、小学校は四年間同じ学校に通う。ドイツの教育制度は大学、就職まで十三年間または十二年間要する。

小学校は基礎教育に力を入れており、十歳（小学五年生）で将来の進路を決めなければならない。入学年の二月までには、入学対象者に市の学校管理局から通学可能校（公立、教会系）の所在地と申し込み日時の案内が送られて来る。そしてそれを持って申し込みを、希望校で行う。その際、児童同伴で校長の面接を受けて決定する。

一二月三一日までに六歳になる子供が入学を許可され、飛び級、落第は親との話し合いで普通に行われる。新入学以外は、直接学校に申し込む。

学校教育は州の管轄のため、州によって多少のシステムの違いがあるが、大まかな流れはドイツ国内同じになっている。州によって大きく違う点は、長期休暇の日程で、年によっても変わる。

私達家族は、九月始業の一日前に近所の公立小学校に、飛び込みで編入学の申し込みに行った。面接時間を決めずに行ったが、待たされはしたものの、直接、校長と面接できた。

三人の娘をドイツ語力の問題で各々一年ずつ落第させて、一年生、三年生、四年生に入学させることができた。その時、日本の小学校に書いてもらった、英語の在学証明書と住民登録済証、パスポートを提示し、申し込み用紙に記入した。

日本と大きく違う点は、宗教と母国語について申告する欄がある。強制ではないが宗教（キリスト教）教育を小学校で行い、また母国語申告は、外国人が多い現状が伺える。ビザと健康保険は、後日提出ということになった。なおドイツの小学校は、午前中のみであるが、希望者は全日学校（学童保育）へ、午後の時間に引き続き残ることができる。

「学童保育は人気で、空きは無い」

と言われた。

校長は三十九歳の女性で、新任で音楽が専門であった。この小学校は一年生から三年生まで各二クラス、四年生のみ一クラスで、約百五十人規模の小学校である。

一クラス二十五名が最大で、児童の約半数は外国人である。その中でもトルコ人が半数以上を占め、日本人は我々のみであった。デュッセルドルフの二割弱が、外国人であることを考慮しても多い感じがした。ドイツ人の多くは、キリスト教系の小学校に通わせる傾向が近年顕著であるという。

新一年生の入学式の一日前から、その他の学年の児童は始業した。全校児童で集まって何か集会を行うこともない。始業初日は、夏休み明けで新学年に向けての担任の話と、夏休みにやった作品提出、入学式に向けての在校生の歌や劇の出し物の稽古を行う。

全ての授業が担任裁量で運営され、日本より担任の権限が大きいと感じる。その日は通常の八時一五分始業で、四時限の一一時四五分で学校は終わりであった。なおドイツの小学校では、担任は持ち上がりが一般的で、クラス替えもなく同じ教室を使う。

ドイツでは次のようによく言われている。

「学校は、人生の厳しさの始まりである」

幼稚園から小学校への入学は、大切な行事の一つになっている。入学式の日に親から、入学祝いの背丈程ある円錐形の紙筒をもらい、中にはたくさんのお菓子が入っている。祖父母も含めた家族全員で、お祝いをし、記念写真を残す。

私の子供が通う小学校では、この日、九時三〇分から近くのカトリック教会で、プロテスタント、カトリック超教派の二つの小学校による合同礼拝が行われた。牧師と神父から説教を聞き、校長のお話と紹介、子供達による劇が行われた。在校生もお祝いに参加した。

いつもは閑散としている教会も、この時だけは子供とその家族で満杯であった。もちろん教会への出席は自由で、一時間後に小学校へ移動した。その後、小学校の集会室で在校生を含めた、お祝いの集会が催された。

校長から子供の名前を呼び上げられ、担任・教職員の紹介、学校や通学の注意、在校生から歓迎の出し物は、日本と変わらない雰囲気であった。来賓の挨拶など形式的な式辞などは無く、校歌は無く、また国歌を歌う場面もなかった。

その後は、担任の裁量で各クラスに分かれて話を聞く時間があった。準備する学用品リストが渡され、ドイツ型ランドセルに入れて通学する。教科書は算数の教科書とワークブックのみ各自で買い揃え、他の教科は上級生からのお下がりを、大切に使い回ししている。

普段は午前八時に校舎の入口が開けられ、八時一五分から一時限目が始まる。朝会や職員会はなく、いきなり授業が始まる。担任手作りの時間割が渡される。

一時限と二時限は休みなしで、二時限と三時限の間に校庭で遊ぶ二十分間の休憩と、おやつ休憩が十分間入る。このおやつ休憩は食事時間で、小学校では弁当を持参することを推奨している。

三時限と四時限が休みなしで行われ、四時限目と五時限目の間に再び一五分間の運動場で遊ぶ休憩が一五分間ある。この運動場休憩は、雨の日も教室の鍵を閉められ、全員外で遊ぶことになっている。

学年によっても異なるが、最大で六時限設定され、終業は一三時三〇分で、帰りの会や掃除が無く授業で終わる。

終業後、帰宅する子供と、午後からの同じ校舎の別の教室を使って行われる、学童保育に行く子供に分かれる。学童保育は月五十ユーロの給食費を払い、別の教員が付き添い、学習、運動、遊びなどを行う。

　時間割からわかることは、教員は各々専門教科を持っており、音楽、体育、英語、算数に関して、専門教科の教員が授業を受け持つ。また毎週二時間、四年生はアイススケート、三年生は、水泳の授業が半期行われる。校外の公共施設を借りて行われ、子供達は学校がチャーターしたバスで送迎してもらい、体育の教員が指導を行う。

　日本では見られない
「宗教」

の時間があり、希望しない家庭の子供は、

「クラス討論会」

など別の授業を受ける。

　音楽とは別に歌いながら手振り身振りで過ごす
「歌の休憩時間」

がある。四年生では、

「幾何学」

三年生では、

「図工」

が行われる。語学教育に力を入れており、

「英語」

は必修である。各教科の授業の特色は以下の通りである。


「音楽」

音楽室や教科書は無く、集会室で歌や打楽器を使った音楽活動が行われる。

「体育」

体育館で各自が用意したスポーツウェアーで、専科の教員が担当する。

「英語」

専科の教員が用意した教材で、会話を中心に行われる。

「算数」

専科の教員が用意した教科書とワークブックで行われる。

「国語」

担任が読み書き聴き取りを中心に、学校で用意してある教科書で行われる。

「社会」

担任が教材を用意し、それを基に行われる。

「社会科見学・博物館見学」

学校行事として行われる。

「その他」
学校設備に関しては、図書室は無く、教室に多くの本が置いてあり、子供達は自由に借りられる。

気候の影響もあるが、校庭はアスファルトで固められ、体育は体育館のみで行われ、専ら休憩時間で使われる。朝会や帰りの会は無く、授業で始まり授業で終わる。従って教員は、自分の担当の時間になったら出勤し、授業が終わったら帰るという、日本の大学教員のような勤務形態を取っている。

給食と掃除の時間はなく、給食や掃除の時の放送や音楽もない。従って校内放送は、緊急の時だけである。

チャイムは、必要最低限の短い音だけである。ピアノやオルガンは設置していないが、音楽のときの打楽器類は置いてあった。

個人の机ではなく二人掛け用の机で引き出しはない。後ろのロッカーに私物を置くことができ、洋服掛けが教室の入口に全員分ある。トイレと教室が鍵で管理されている。

一年生は秋休みまで四時限授業で一一時四五分に終業し下校する。日本の学習指導要領のような固定された指針や指導案は無く、その学年でやるべき内容と到達目標のみが、公に示されている程度である。

担任は、国語と社会を中心に、子供達の状況に合わせて授業を行うことになる。なお理科は行われず、小学校後の過程で必要な上級学校で行われる。

ドイツの小学校は、二学期制である。夏休みが終わって、翌年の春の復活祭までの一学期と、復活祭から夏休みまでの二学期がある。

長期休暇は夏休み、冬休み（クリスマス）、春休み（復活祭）の他に、一学期の秋休みは一〇月の約二週間と、二学期の六月の聖霊降臨祭休みの約一週間がある。日本の学校より休みが多く、一斉に休暇を取るのでなく、州毎の分散型で設定してある。

全校で一斉に行う行事が、ほとんどないことにも気づく。社会科見学、遠足、自転車教習、クリスマス祝会、カーニバル祝会、サッカー、音楽鑑賞会はクラス単位か学年毎で行われる。運動会、学芸会、健康診断、修学旅行、家庭訪問、始業式、終業式はない。

ドイツの学校も、保護者との繋がりを大切にしている。特に父親の役割は大きく、学校と関わり、担任と連絡を密にする傾向にある。保護者会は夜七時から催された。校長・担任紹介、クラス役員選挙、クラス運営、授業内容、行事、その他の項目で担任から説明が行われた。

学校会議も午後七時から開催され、保護者を中心に出席する。寄付を募って学校設備を充実させる会議があり、その基金は学校運営とは別組織で行われる。

授業参観、家庭訪問は無いが、保護者面談は、子供の将来を決める上でも重要である。

授業が終わった午後から、担任の計画で各々指定され十五分ずつ面談を行った。

ドイツ社会では誕生会が重要な役割を担っている。大人も誕生日になると、誕生日を迎える本人がケーキを焼いて、友人や同僚を招いてパーティーを開く。子供の間では誕生日が、その年最大の個人のイベントという感じである。小学校では誕生日の子供が、お菓子を持って行って、クラスのみんなに配り、家に何人かの友達を招待して、誕生会を開くのが一般的である。

子供を招待することで、小学校が終わってから遊べる友達ができ、親同士がコンタクトを取るようになるケースもある。ドイツ人の子供の間では、誕生日は新しい友達作りのチャンスだと考えられている。

私の子供も誕生日の休憩の時間に、

「ニッポン」

というチョコレートで包んだ米菓子と、折り紙をクラス全員に配った。特に折り紙は、ドイツ人の子供達には珍しいとあって、人気で興味を示していたという。

また最近では友達と一緒に遊園地や、映画館に出かけるという祝い方も増えている。私の子供も近くの室内遊技場に、家族で招待され、誕生日を迎える子供の親戚も交えて、ケーキや食べ物を持ち寄りお祝いした。

誕生会の招待状はなるべく早く出して、出欠の返事をもらう。休日に誕生日が重なった場合は、誕生日が終わった最初の登校日に、プレゼントを配るのが普通である。

現地のドイツ人学校に通う日本人の子供は、日本語補習校に通うのが一般的である。このデュッセルドルフ日本語補習校は、毎週土曜日の一四時から一七時三〇分まで、日本人学校（日本語小学校）の校舎を使って授業が行われる。国語を中心に四時限あり、日本の教科書と教材を使って中学校までの過程で行われる。

現在、各学年一クラスから二クラス、一学級二十人までで、約百五十名の児童生徒が通っている。ドイツの学校では行われない運動会、学芸会（学校祭）、始業式、終業式、百人一首大会などの行事が全校で行われる。

「日本語補習校」の子供の数は、国際結婚の増加で増える傾向にある。

「日本人学校」の子供の数は、それに反して、日本企業のドイツ撤退などで、減る傾向にある。

7．健康保険とビザの問題

外国人である私たちは住民登録の他に、外国人登録をする義務がある。登録と言っても私が約二十年前にドイツへ留学した時は、日本のドイツ大使館で仮査証（ビザ）を発行してもらい、ドイツで学生になって、正式な滞在許可証に書き換え延長することができた。

しかし二〇〇〇年一二月一五日より日本国籍者は、如何なる目的であれ日本でビザを取得して行く必要がなくなった。ドイツに入国後、直接、滞在地の外国人局で、滞在許可を申請することになった。つまり我々のような境遇の日本人は、ドイツに行かないとビザが取れないことになったのである。

前述の通り就労ビザで申請することは無理だったので、学生ビザで申請するつもりで準備をしていた。そのビザ申請にはドイツの健康保険の加入証が必要である。仕事や留学でドイツに長期滞在する場合、外国人も健康保険に入ることが義務付けられている。

それにドイツの医療費も保険無しでは決して安くない。子供が三人おり、頻繁に医者にかかっている私たち家族にとっては、一刻も早く健康保険に入ることは、不可欠なことであった。

ドイツには保険の種類が二つあり一つは、

「公的健康保険」

もう一つは、

「私的健康保険」

である。

公的健康保険は収入に応じて支払い金額が決められており、日本で言う国民健康保険と仕組みは似ている。私的健康保険は収入に関わらず加入者の年齢、性別、持病の有無などによって支払い金額が変わり、加入者一人一人に対して保険料を支払う。

また保険のランクもいろいろ分かれており、高額な保険の掛け金で、様々な特殊治療が受けられる。

公的健康保険会社は四社あり、保険料や自己負担する場合の金額などが異なり一律ではない。日本と大きく違うのは、基本的な医療費は保険で全額賄われることである。日本のように三割、二割など個人が負担することはない。入院、手術、妊娠、分娩、薬代、検診などに関しても百パーセント保険で賄われる。

しかし歯科や特殊な治療、高額治療では百パーセントは賄われず、近年はその傾向が強くなっている。そこで百パーセント賄うことができる、私的健康保険に加入する人も増えているという。

私的健康保険の場合は、保険の支払い額に応じて、手厚いケアであったり、必要最小限のケアであったり、それを取り扱う保険会社は無数にある。ドイツも日本と同じく、政府の財政難による医療費の問題は、大きい社会問題になっている。

私は公的健康保険の代表格である、ＡＯＫに行った。

「家族全員分の健康保険に入りたい」

「外国人で全くの新規で、家族があり無職の人は加入が難しい」

と言われた。

これまでのドイツでの健康保険の実績を聞かれた。

「約二十年前の留学の時に、バルマー社に入っていた」

ことを伝えた。

「バルマー社へ行けば加入できるかもしれない！」

ＡＯＫの職員に言われた。

早速、近くのバルマー社へ行ってみると、確かに二十年前に加入していた記録は残っており、バルマー社で健康保険に入る権利はある。しかし現在の法律では、ビザが無いと加入できないことがわかった。

つまり我々の場合、ドイツ政府（大使館）で言っていることとは逆であった。健康保険が無いとビザが取れないのではなく、ビザが無いと健康保険に加入できないのである。結局、健康保険に関してどうすることもできず、その時は帰るしかなかった。

一刻も早くビザ申請を行いたいと思い、滞在許可をもらうために外国人局に尋ねた。ここデュッセルドルフでは滞在許可申請は、予約制になっており、

「インターネットで予約できる」

とのことであった。私は、すぐに予約をした。

ところが一週間以上が経過しても、外国人局から何の返答も無かった。直接、役所に行って確認すると、私からの予約メールは、なぜか到着していなかった。

「今から予約すると、どんなに急いでも、約三ヶ月後の一一月一八日にしか、滞在許可申請のための予約が取れない」

と言われた。

奇しくも、その日は観光で滞在できる三ヶ月を一日過ぎている。

「滞在期限が一日過ぎているが、それでも大丈夫か？」

と尋ねた。

「問題ない！」

と言われ、取り敢えず一番早いその日に予約した。

いつも外国人局で思うことではあるが、言葉も通じないような外国人を相手にしている

せいか、外国人局の職員の対応は、不親切である。外国人の間でも、その職員の応対の仕方に疑問を投げかける人は多いという。

この外国人局での職員の応対と、三ヶ月先のビザ申請まで待たされることに失望し、途方に暮れる思いで外国人局を後にした。

8．様々な人の出会い

外国人局でのビザ申請の予約の時、職員に尋ねられた。

「何の目的で申請するか？」

「学生ビザ」

であることを伝えると、既定の書類に大学からのサインをもらって来るように言われた。

早速、翌日ケルン大学の学生課に行った。

「ビザ申請のためにサインが欲しい」

と私は言った。

「聴講生ではサインできない」

と頑として受け付けてもらえなかった。私はかなり粘った。

「聴講生は正式な学生ではなく、学生として何の制約も縛りもない。ビザ申請もビザ延長もドイツ滞在に関する手続きは、ここではできない」

近年、ドイツでは外国人の移民や難民が多くなり、その受け入れや対応が問題となっている。簡単に聴講生としてビザを取られることを防ぐために、最近では聴講生にはビザを出さず、外国人を少しでも制限している。

これで日本において考え抜き、準備して来たビザ申請の手立てを失って、途方に暮れてしまった。ビザ申請のために他の方法がないかと思い、今の住まいを世話してくれた、不動産会社の伊藤さんに相談した。

そしてデュッセルドルフ日本商工会議所の事務総長である柚岡さんを紹介してもらい、相談しに行くように言われた。柚岡さんに電話で成り行きを説明した。

「学生ビザで申請ができず困っており、就労ビザで申請するしか方法はありません。そのために早く就職したいので、就職も斡旋してもらえませんか」

私は厚かましいお願いをしてしまった。

「確かにデュッセルドルフは、日本企業が多いとは言え、ほとんどが日本からの駐在で、ここで就職する現地採用は難しい。それはビザを取るより困難です」

と彼は言った。

暫くして柚岡さんから再び電話があった。

「詳しい話を聞きたいので、私の事務所に直接来てください」

彼のいるデュッセルドルフ日本商工会議所本部に直接伺った。

そこは日本領事館の隣にあり、日本関係機関が多く集まるインマーマン通りの、ど真ん中の一等地に建つ立派な事務所であった。

そこで柚岡さんは、

「顧問弁護士であるドイツ人を紹介するので、連絡を取って相談すると解決策が見つかるかもしれない」

と言ってくださった。


後日、その紹介された弁護士ヒュッテさんと会い相談した。

「確かに聴講生で、ビザを取ることは無理である。しかも約二十年前に学生ビザを取得しており、二回目の学生ビザは難しい。年齢的にも学生として認められない」

やはり就労ビザで申請するしかない。

「音楽家として自営するという労働ビザの申請しか方法はない」

ということになった。

ヒュッテさんは更に付け加えた。

「申請までの三ヶ月足らずで、ビザ申請のための書類を作るので、あなたは音楽家として、できればオルガニストとして、ドイツで働くための証明を、近くのドイツ人に書いてもえるよう努力してください」

以前のドイツ留学は、南西ドイツのシュトゥットガルトであったので、ドイツ人の知人は、このライン川流域の中西部ドイツのデュッセルドルフには全くいなかった。そこで私は、東京のドイツ語学校で知り合った、以前デュッセルドルフに住んだことのある、角谷さんのことを思い出した。

彼女の知人で、日本で既に紹介してもらっていた、木田さんとコンタクトすることにした。デュッセルドルフに住む日本人は多いとは言え、その社会は狭く、紹介された木田さんの奥さんは、何と毎週通っていた日本語教会の役員であった。彼は、日本人学校の事務局長で、デュッセルドルフでは知られている実力者の一人でもあった。

彼に就職の斡旋の可能性を聞いてみた。

「日本人学校には現在空きがなく、当面、就職の公募の可能性もない」

角谷さんに別の知り合いということで、紹介されていた吉田さん夫妻を訪ねることにした。吉田さんは、デュッセルドルフ郊外に三十年以上住んでいる画家で、今は年金生活をしていた。彼のデュッセルドルフの中心部にある広いアトリエに招かれ、いろいろな話を聞かせてもらった。

「日本には三十年以上一度も帰国しておらず、二人の子供はドイツの教育を受けさせた。その子供達は現在ドイツ人と結婚し、ドイツで家庭を築いている」

彼は音楽にも造詣が深く、クラシック楽曲に自作の絵を描き、教会のステンドグラスを描くなどして、長年ドイツにおいて幅広い活動をしてきた。

「芸術家として生きていくなら、ドイツは日本より恵まれた環境にある。しかし近年は、その芸術大国ドイツでも財政難で、芸術家として生きていくには、厳しい状況になっている」

彼の友人で教会音楽家であるバッキンさんを紹介してもらい、私が音楽家として働くための推薦書を書いてもらうことになった。

バッキンさんと会い事情を話していく中で、現在のドイツの音楽界の厳しさも徐々にわかってきた。

「ここ五年間デュッセルドルフ近郊の数ある教会で、新しくオルガニストになった人は一人もいない。ドイツ国教会は減る一方である。たとえ教会音楽家として教会に就職できても、教会音楽全般を一人で担当することは少ない。オルガンや合唱、器楽など、それぞれの領域に分かれて担当し、少しでも多くのポストを作り、多くの音楽家を雇う傾向にある。その分、教会音楽家だけの収入では、生活できなくなっている」

さらに彼は、こう付け加えた。

「ドイツ人でもなかなか音楽家として生きていけないのに、外国人であり、年齢も行っているあなたが、音楽家としてドイツで生活するのは、とても困難である」

彼は、ドイツの音楽界の厳しい現実を指摘した。実際に音楽家として生計を立てていくかいかないかは別として、日本人家族が一大決心をしてドイツへ移住して来た。子供達もせっかく小学校に入ることができた。

何としてでもドイツへ残るために、またビザを取るために、今やれることをするしかない。それには彼に推薦書を、書いてもらうことが先決であった。

9. ドイツの生活

長女は、これまでにインフルエンザ脳症やマイコプラズマ肺炎を患い、喘息を併発させ、命の危険を何度も味わっている。その度に親としては生きた心地がしないもので、眠れない夜を何度となく過ごしてきた。

だから風邪をひくと、

「また喘息を併発させるのではないか」

と気が気ではなくなる。しかもドイツに移住して三ヶ月間ビザ申請ができず、健康保険を掛けられないままで、親としてはとても辛い状況だった。

　不安や心配は的中するもので、ドイツに家族が到着してすぐの九月の初めに、長女が風邪をひいたのである。次女や三女が風邪をひいても、それほど心配ではないが、長女は、

「また風邪を拗らせ喘息の発作を起こすのではないか」

と心配であった。

　ドイツの健康保険に加入していなかったので、最初は病院へ連れて行くことを躊躇していたが、喘息を併発させるのが恐かったので病院を探すことにした。

　ここデュッセルドルフは日本人が多く住むだけあって、日本語対応の医者も複数ある。保険対応の医者だけでなく、プライベート専門の医者もいる。私たち家族は海外旅行保険を掛けて来たので、プライベートの医者に行って診察を受けることにした。

　その病院の女医は、東京で開業していたこともあるフランス人で、日本とドイツの環境の違いなどを熟知していた。

「喘息患者にとってドイツの強力な暖房による乾燥、深い霧、家の埃とカビ、秋の花粉には気を付けるように」

と言われた。

　私もドイツに来てから息苦しく感じることも何度かあり、気候が合わないと思っていた。

「それは日本にない針葉樹林による秋の花粉が原因である」と考えられる。
幸い長女は、風邪の段階で喘息までには至っておらず、風邪薬を処方され、病気を拗らせることなく治癒することができた。

一〇月になると次女と三女が風邪をひき、同じ医者にかかった。クレジットカード付帯の海外旅行保険は、手続きが面倒で、日本と何度もやり取りをしながら領収書や処方箋、診断書などの書類を日本へ郵送しなくてはならない。全てが揃って後日、立て替え払いをしたお金が、指定口座に振り込まれるシステムである。
ただし歯科治療には適応されず、自費で払うことになる。その点でも一刻も早くビザ申請をして健康保険に入りたかった。しかし子供の病気は、親の都合を待ってはくれず、そういう時にこそ問題は起こるのである。

今度は次女が歯痛になり、日本語対応の通訳が付くドイツ人の歯科へ連れて行くことにした。綺麗な診察室と設備が整っており、三十分ぐらいの治療であった。保険は効かないので、いくら請求されるか不安であった。幸い一回で終わらせることができ、後日百八十ユーロ（約二万六千円）の請求がきた。

私の散髪は、日本では一ヶ月半に一回のペースであったが、ドイツでは節約の意味もあり二ヶ月に一回ぐらいにしようと思った。さすがに日本人の多いデュッセルドルフだけあって、日本語対応の美容室は五軒以上もある。

二十年前の留学時のシュトゥットガルトは、ドイツ人の美容室しかなく、そこで散髪していた。ドイツ語が問題と言うより、日本人の髪質を嫌うドイツ人美容師が多い。

「日本人の髪を切るとハサミが痛む」

「髪質が扱いにくい」

嫌味を言われた苦い経験を思い出した。

だからデュッセルドルフでは、日本人に散髪してもらおうと予約して行った。綺麗な店構えの三人の日本人スタッフで、日本と同じように散髪してくれた。

ドイツの我々の住まいの周辺の環境は、素晴らしく、バルコニーの前には、美しい共同の庭があり、毎週、庭師が手入れをしている。子供たちが、その庭に入って遊ぶことはできない。つまり、その庭は観賞用である。

手入れのよく行き届いた庭とは言え、自然の景観と環境は美しく保たれている。大きな樫の木には、野生のリスや兎が何匹も飛び跳ね、日本では見たこともない美しい鳥が冴えずり、人の近くまで寄って来る。

以前住んでいた東京都心の、自然の全くない環境に比べると、雲泥の差がある。四季の移ろいを感じられる幸せを、家族共々実感することができる。

短い夏と秋はあっという間に、落葉と共に終わり、日本と対照的な、厳しくて暗い冬を実感できる。季節が進むのも日本より一ヶ月ほど早く、その分、季節は寒く深くなる。

冬は外に出るのが億劫になり、家の中は暖かいので家の中に閉じこもり、思索したくなる気分になる。ドイツで音楽や哲学、文学が発達したことがわかるような気候である。

天気の変化も激しく、まさに大陸性気候で、一日の中で春夏秋冬といった変化を感じることさえある。

夏時間は日本との時差が七時間で日が長く、夜は一〇時過ぎまで明るい。しかし冬時間になると日本との時差が八時間になり、ドイツは北海道より高緯度であるため、夕方四時には暗くなる。朝は八時を過ぎないと明るくならず、朝の日光のない中での起床は、辛いものになる。

東京と違って高い建物が少なく、澄んだ綺麗な空が見渡せ、まさに西洋の風景画にでも描かれている、大胆な雲の形を見ることができる。

日曜日は全ての店が休業なので、休みの日は散歩や読書をするなど、家族と一緒に過ごす時間が増えた。どこの家の庭もよく手入れが行き届き、景観を大切にしている。家の外観も煉瓦造りで美しく、家の窓には美しいカーテンと花で覆われている。

仲良く手をつないだ、シックでお洒落な老夫婦の散歩や、老人が一人で、バルコニーでお茶を飲む姿をよく見かける。核家族化は日本より進んでいるのではないかと思う。湿気が少なく外の気温が低い気候では、あまり汗をかかず、風呂に入る習慣はない。水も貴重とあってバスタブに、水を溜めて入ることはほとんどない。

我々日本人にとって風呂は重要で、家族で久しぶりに行ったプールでお湯に体を浸けると癒される。しかしプールの水温は日本ほど高くないので、風呂に関してはドイツでは不満が残る。

食料の買い出しが大きな日課になるが、安くて大量にいろいろな種類の食料品を買うことができる。最近ではアジアの白菜、葱、カボチャ、大根、もやし、生姜、柿、豆腐、醤油などは、普通にドイツのスーパーでも手に入り、寿司まで売られている。

ＥＵになり通貨がユーロに統一され、物の流通が活発になった。ヨーロッパ中から、いろいろな物が安く入って来るようになり、とても便利になったことがわかる。しかし、その分ドイツの独自性や良さがなくなり、治安も悪くなってきている。

昔のドイツは、日本に比べて不便であった。そのドイツも外国人が増え、便利になることで、文化や伝統を大切にするドイツ人気質が、あまり感じられなくなったことは寂しい思いである。

10. ビザ申請

待ちに待ったビザ申請の日である。

「二〇一三年一一月一八日一一時三〇分にデュッセルドルフ中央駅裏手にある、外国人局へ家族全員で書類を揃えて来るように」

という予約である。

日本商工会議所の柚岡さんは、

「どうしても急ぐようであれば商工会議所を通して、デュッセルドルフ市に働きかけて、申請を早くすることもできる」

書類の準備を考えると、

「予約を早くして役所の印象を悪くするよりも、外国人局が指定する日時で行った方が確実である」

と思った。

弁護士のヒュッテさんの事務所は、何人かの弁護士が所属している。今回のビザ申請のための書類作りは、別のドイツ人弁護士シャイフェレさんが担当した。どこで日本語を習ったのかわからないが、シャイフェレさんの日本語は、流暢で外国人訛りもほとんどなく、難しい日本語も違和感なく話せた。

彼の作った申請書類は、
「なぜ私がドイツで音楽家として働きたいのか」
という動機と抱負、生活設計や収入源について書かれていた。
「理路整然と論理的にドイツ語で書かれ、誰が読んでも納得させられる文章である」
と思った。

日本でも何度か弁護士の作った文章を読んだことがあるが、弁護士の力量は文章力にも左右されると痛感していた。このドイツ人弁護士も同じで、安心して任せることができた。

ビザ申請日は月曜日であったので、子供達の小学校を二時限で早退させ、必要書類の準備など何度も確認して、家族揃って外国人局へ向かった。外国人局の入口でヒュッテさんと待ち合わせ、彼は時間通りに笑顔でやって来た。

本当にビザがもらえるか不安だった、私の心配を余所に、彼は何の問題もないと言わんばかりの勢いで、指定された部屋へ向かった。多くの申請のための部屋が分かれていた。ヒュッテさんは慣れた様子で、前の審査をしている審査官に向かって、我々が到着したことを直接、審査室に入って伝えた。

日本人なら明らかに、前の人がやっている最中に、途中から割り込んで入って行くようなことはしないだろう。彼のその大胆な行動に、私は驚いた。

ビザの申請は、運もあり一公務員である審査官に、ある程度の権限が任されているのである。どれくらいの期間、滞在許可を出そうが出すまいが、審査官が決めることができる。たまたま親切な審査官に当たればいいが、彼らも人間なので気に食わなければ、許可を出さないこともあるという。

審査官の機嫌を損ねることがないようにと配慮しながら、最初にヒュッテさんと私が指定された個室に入った。二人の女性審査官がおり、向かって右側の机が我々の担当者であった。

家族全員分の書類を出すと、その女性は不機嫌そうな顔をした。

「今日の申請は、一人分しか予約されておらず、家族で来るとは思っていなかったので、一人分の申請しか受け付けられない」

そこでヒュッテさんが事情を話した。

「何とか家族全員が今日、申請できるようにして欲しい」

「一二時までの三十分間で、やれるところまでやって、できなければ、また次回に来るように」

ヒュッテさんは仕方なく、三十分間でやることを承知した。

申請書も私一人分しか書いていなかったが、慌てる様子もなくヒュッテさんは、家族全員分の申請書を書き始めた。

審査官が私の写真を要求したので用意していた写真を提出すると、また不機嫌そうな顔をした。

「写真が大き過ぎて指定の枠に入らない。証明写真を一階の自動販売機へ行って、撮り直して来なさい」

「奥さんの写真も出しなさい」

妻の写真も要求され、確か入れたはずだと思っていたが、家に忘れてしまっていたので、妻と一緒に私も写真を撮り直すこととなった。

ただでさえ時間がなく写真まで撮り直さなくてはならない状況になり、今回の申請は無理だと思い諦めた。その瞬間、ヒュッテさんが来た。

「一二時から予約していた、次の人がキャンセルになりました。時間は十分にあるので慌てずに申請しましょう」

本来ならば後日、行う指紋照合も時間に余裕ができたので家族全員分やることができ、後はビザを取りに来るだけの段階まで申請を進めることができた。子供たちも一人一人個室に呼ばれ、指紋捺印と個人確認をされた。

私のミスで次女と三女の写真が逆に貼られていて、審査官も匙を投げたかと思われた。しかしヒュッテさんのフォローとジョークで何とか乗り越えることができた。そして全ての申請を、その日に完了することができた。

最後に、ヒュッテさんが来て言った。

「二年間滞在許可が出ました。三百八十ユーロ払ってください。ビザは高いですね」

体全体の力が抜けるようだった。弁護士ヒュッテさんの手腕に脱帽する思いであった。どんなときでも諦めず、落ち着いてポジティブに対処することの大切さを、今回の申請を通して学んだような気がした。

「一年ではなく二年間もビザが出たので、しっかり勉強してください」

ヒュッテさんは、子供達にこう言って、その場を立ち去った。一気に緊張が解け、暫く私は我を失い、この申請の成り行きを、ただ感謝するばかりであった。

このビザ申請のためのヒュッテさんの弁護士料は五千ユーロであった。これが高かったか安かったかは、これからのドイツでの生活如何に拠ると思った。

ケルン大聖堂（右）
美しいハーレムのオルガン（左）

ライン川に臨むデュッセルドルフ（下）

第五章　再び日本へ

1．日本の就職活動

東日本大震災をきっかけに、子供の教育のための移住という名目と甘い見通しで、全てを手放してドイツへ来た。しかし現実は厳しく、お金と仕事がないと、移住は難しいことを痛感していた。

まずはドイツで働くということで、就労ビザ取得という目標は達成できた。ところが肝心の仕事は見つかるどころか、ドイツで四ヶ月間暮らしてみて、「ドイツで仕事を見つけて家族を支えることは不可能である」と厳しい現実を認識した。

もちろん音楽関係や教育関係の仕事は皆無であった。デュッセルドルフの求人情報には、日本食レストランや食料品店、書店、運送業、旅行代理店、日系企業の事務職などの求人は幾つかあった。そして応募できるものは、全て応募したが、面接に呼ばれることは一度もなかった。

当然と言えば当然であるが、私は今まで音楽か教育関係の仕事しか経験がない。それに加え年齢的にも、資格的にも、給与的にもマッチングするところが全くなかったのである。

苦労してビザ取得できたが、

「このままだと家族全員が路頭に迷う」

と思い、再び日本で大学教員に戻ることを選択した。元々、大学教員が嫌いで離職した訳ではなく、前述のように様々な事情から大学教員を辞めざるを得なくなった。最初は再び大学教員に戻ることは、簡単だと高を括っていたが、現実は甘くなかった。

大学教員はインターネットで公募がある。そのサイトを見て履歴書、業績書、論文などの業績を郵送し、応募するのが一般的である。インターネットだけでは、応募できないのが普通である。

外国からの応募では、日本での就職意志を示すには不利である。そのためには日本から応募する必要があると考えた。

子供達はせっかくドイツの小学校に入学でき、慣れてきたところであった。

「言葉の問題など大変ではあるが、子供にとっては貴重な経験ができる」

と思った。それにドイツの学校で教育したいことは長年の夢でもあった。妻と子供達をドイツへ残して暫くの間、私だけ日本へ戻る苦渋の選択をした。

一九九五年秋にドイツ留学を終えて日本に帰国した時は、全くのゼロからの出発であった。ファストフード店のアルバイトや結婚式場でオルガンを弾き、非常勤講師で大学や小学校、市民講座でピアノやパイプオルガンを教えながら細々と一人で暮らしていた。

そして留学後三年半にして、やっとの思いで大学の専任教員になることができた。苦労して大学教員になった愛着と、約十八年間日本でやってきた仕事は、何と言っても大学教員であった。大学に戻ることが自分を活かせ、最も社会貢献できる自然な流れであると考えた。

それに加え大学を辞めて失業し、雇用保険を申請できるタイムリミットが失業後三ヶ月に迫っていた。妻の実家のある東京府中で世話になり、そこを拠点にして保険申請と大学教員に応募することにした。

雇用保険の方は、申請した日から三ヶ月間の自宅待機期間があり、その後に保険料が支給される。そのお金を受け取るにはハローワークを通して就職活動をし、一ヶ月に一回ハローワークに出向いて、就職活動を報告する義務を課せられる。

つまりドイツに住んでいては、給付金をもらえない。そのことも、

「日本に戻って就職活動をしよう」

と思った理由である。

ドイツの時と同様にハローワークでの就職活動は、いろいろな職種に応募した。どれも年齢的にも、経験的にも、資格的にも、給与的にも見合う仕事はなく、面接に呼ばれることはなかった。

就職はマッチングであり、雇う側と雇われる側の双方が合意しないと就職できない。まさに複雑な鍵穴の形に、ぴったり合わないと採用されないのである。それと同時に今までいかに、自分が恵まれた環境の中で働いてきたかを痛感した。

失業保険は、大学に勤めていた頃の五分の一程度の額であった。それでも収入が全くなかったので、少しでもお金をもらえることは有難かった。

「仕事が無く失業者でいることが、どんなにみじめで辛いことであるか」を思い知らされた。今後どうなるかわからない、先の見えない不安な気持ちも味わい、仕事があることの幸せも理解できた。人間は無くなって初めて、その有難味がわかるものである。

人は何のために働くかという疑問も、自分なりに答えを出すことができた。それは、

「お金をいただいて生活するため」

であるが、人が人のために時間を使うことが、

「仕事」

自分のために時間を使うことが、

「遊び」

であると認識できた。

人間は社会貢献するために仕事をする。言い換えると、

「人は人のために働かせていただき、人に喜びを与えるために仕事をする」

また人の役に立てたことに比例して、お金をもらえるという、当たり前のことを改めて気づかされた。

「全ては人を喜ばせるために」


大学応募の方は、二〇一三年一〇月からドイツで応募した大学は、全て不採用であった。日本に戻ってから応募した大学の中で、二つの大学から面接の案内が来た。

「どこでもいいので、何としても大学に戻りたい」

そういう無い物ねだりの気持ちでは、いい面接どころか余計なことまで言ってしまい、結果は出せない。自分でもわかっていたが案の定、二つの大学とも自滅してしまい不採用になった。

これしかないという追い込まれた状態で、無いものを求めることは、不利である。そのようなネガティブなイメージでは、うまくいくものもうまくいかない。

「人は腑に落ちないと納得できない」

そのような状態では、せっかく面接に呼ばれても、面接官に不信感を抱かせるだけで、納得させることはできないことは当然である。

また強く求めることは、

「今ここ」

にないことの裏返しになり、実現しにくくなる。叶えたい目標は、強く追い求めない方がうまくいくこともある。

結局、八つの大学に応募して、全て不合格となってしまった。二〇一四年度中に大学へ戻ることは、叶わなくなり失意のどん底を味わうこととなった。

2．ドイツのクリスマスと新年

ドイツに残して来た家族に会うために、二〇一三年のクリスマスシーズンにデュッセルドルフに戻ることにした。

教会暦では一二月二五日のクリスマスまでの四週間をアドベント（待降節）と言うが、ドイツにおいて、その期間には多くの街でクリスマス市が催される。ドイツの厳しい冬に彩を添えるが、ここデュッセルドルフも旧市街を中心に、華やかなクリスマス市で何百もの露店が建ち並んでいる。

二十年前のシュトゥットガルト留学の時も、クリスマス市には、よく訪れていた。クリスマスに関わる装飾品やドイツの名物、飲食品を中心に、いろいろなものが売られていて、屋台の店の飾りつけも美しく見事である。

クリスマスはドイツ人にとって、日本人の正月のような年中で一番の行事である。大人から子供まで、みんなで楽しくお祝いし、このクリスマス市には多くの人々が集まる。私の子供達も初めてとあって、家族を連れ立ってデュッセルドルフ旧市街のクリスマス市に出かけることにした。

ドイツの日常において多くの人が集まって、東京のラッシュアワーのような人だかりは珍しい。この日は足の踏み場もないほど、多くの人で溢れ返り賑わっていた。子供達に、日本にない珍しい物をいろいろ食べさせたいと思い、両手に抱えきれないほど多くの食物を買い込んだ。

ふと自分の財布がないことに気づき、一瞬血の気が引いた。慌てて自分の持ち物や鞄の中を徹底的に探し、歩いて来た道に何度となく戻り、暫くの間探し回った。人込みの中を慌てふためき、誰に聞くこともできず、ただ時間だけが流れていった。結局、最後まで、その場で見つけることはできなかった。

「クリスマス市にはスリや盗難が多く気を付けましょう」

注意が喚起されていたにも関わらず、そういう時にこそ不安は的中する。私は、せっかくのクリスマス気分を台無しにした家族への申し訳なさで一杯であった。

私たち家族はクリスマス気分も吹っ飛び、後味悪く家路に着いた。翌口、近くの警察署に盗難の被害届を提出しに出向いたが、革の財布は見つからなかった。

その中にはドイツに戻って来たばかりで必要だと思い、引き出したばかりのお金八百ユーロと、ドイツで使っていた銀行カード、クレジットカード、電車の定期券や回数券などが入っていた。すぐに連絡してカード類は停止してもらったが、それ以上どうすることもできず、盗まれたものは何一つ戻って来なかった。

日本の海外旅行保険会社に盗難届を提出しようと問い合わせた。革の財布の代金しか戻って来ないことがわかり、面倒なこともあって被害届を出さなかった。

盗難した人間は、棚から牡丹餅で有頂天になっているだろうが、盗まれた方は後々まで気分が悪い。仕方がないと諦めるまでに時間がかかった。子供達にも嫌な思いをさせ、家族に心配掛けたことと悔しさで、クリスマス期間中ずっと嫌な気持ちで過ごすこととなった。

ドイツのクリスマスは日本の正月と同じで、家族が集まり家庭でしめやかに祝う。新年は逆で、大晦日は友達と街へ繰り出し、花火をし、賑やかに飲み食いをする。正月は一月二日から当たり前に、世の中は動き出す。

クリスマスには、ほとんどのドイツ人は、故郷へ帰省するのが一般的である。二十年前の留学時の私は、お金がなかったこともあって日本に帰ることができず、寂しいクリスマスを過ごしていた。

それでもクリスマス・イブから一二月二五日、二六日は、祝日となり教会では一日中ミサや礼拝が執り行われる。私もいろいろな教会で、一日中オルガンを弾いていた。クリスマス礼拝の後で牧師の家へ食事に招待された思い出は、今でも懐かしく感じられる。

留学帰国後、日本のクリスマスでもオルガンを弾いて教会には関わっていた。正月は親戚廻りと、子供達と一緒に小旅行の家族サービスをして、この時期はいつも忙しくしていた。

久しぶりに迎えるドイツでのクリスマスと正月は、また別の味わいがあった。特に新年のカウントダウンでは、街中が花火一色になり、子供達は珍しさも手伝って、大いに楽しんでいた。

私も留学の時の思い出と重ね合わせながら、また財布盗難の苦い経験を思い起こした。それでも数年ぶりの楽しいクリスマスと新年を、家族と一緒にドイツで過ごす幸せを味わうことができた。

3．NLPの出会い

二〇一四年一月初旬に、また再び日本に戻って就職活動を行った。大学教員の公募は全滅し、妻の実家のある東京府中のハローワークで就職活動を行った。

それまで順調な人生を歩んでいたが、原発事故による放射線の影響に対して過剰反応し、過度の思い込みから、全てを手放して日本を去ることとなった。ドイツでも就職できず、日本にまた再び戻ったが、厳しい現実を突きつけられることとなる。

「どうにかしたい」

という思いと、

「どうにもならない」

という過度のストレスから鬱状態に陥った。さらに妄想し幻覚を見るなど精神的に追い込まれていった。

一月下旬に無意識で他人の車に当て逃げするという事故を起こしてしまった。またトランス状態に陥り、過呼吸を起こし救急車で運ばれもした。心療内科と精神科で受診したが原因は特定できず、

「てんかん」

と診断された。しかし、てんかんでないことは、私が一番自覚していた。

人間は極度のストレスから緊張状態になり、苦しんでいる時は、深いトランス状態（強い集中状態）に陥る。現実とイメージの区別がつけられず、自らのイメージで苦しんでいる状態になり、妄想して幻覚を見ることがある。つまり人間は極端な思い込みや洗脳により苦しんでいる時や、ストレスが重なると鬱的な症状を引き起こすのである。

そういう苦しい思いをして、それから抜け出したいと思い、いろいろな自己啓発の本を読みあさり、自己啓発セミナーにも参加した。

どれも八割方、真理をついているようで、同じようなことを言ってはいるが、自分の中でしっくり来るものがなく納得いかなかった。しかし、その中でもＮＬＰだけは、自分の精神状態をスッキリと説明できた。

「なぜ、このようなストレス状態になったのか」

「どうすれば、この苦しみから解放されるのか」

ＮＬＰとは、

「神経言語プログラム」

と訳され、心理療法の一つである。体験は五感の神経と言語がプログラムを作り、そのプログラムの質が人間の幸か不幸かを決定するという理論である。

観念（イメージ）は無意識レベルにあり、修正するには無意識の性質を変える必要がある。プログラムは体験のインパクト（強度）と繰り返し（回数）によって決まり、身体で感じる反応を作り出す。プログラムの入力は刺激に当たり、出力は反応になる。

偶然の体験が我々のプログラム（観念、イメージ）を無意識的に身につけてしまう。プログラムは自分を守るため、安全や安心を確保するために身につけてしまうという心理学であり、コミュニケーション・ツールである。

更にＮＬＰは、自分を制限している思い込みや洗脳から解放されるともっと自由になれる。現実は変えられなくても、受け止め方や行動は変えられる。コミュニケーションは、自分が受け取る相手からの反応にあり、自分が知覚してイメージしているものと実際のもの（現実）は違い、知覚しているものが全てではないことがわかる。

つまり同じものを見ても、人それぞれ受け取る内容は違うので、お互いの

「地図」

を共有し、豊かにすれば、

「現実」

もより良く変化するのである。

私たちは全て価値ある存在であり、人は本質的に

「善」

であるので、信頼しながら良い状態へ導くことが大切である。全ての行動には必ず肯定的な意図があり、活かせる場所がある。物事に失敗はなく、全てのことはプログラムに成功している。プログラムを書き換え、なりたい自分を明確にすると、より実現しやすくなる。

コミュニケーションでは良好な関係性と相手の立場に立つことが重要である。そのためには情報を十分に共有し、信頼関係をつくり、相手が理解できる

「言葉」

を使うことが大切である。

このＮＬＰのコミュニケーション理論は、会話、質問、話法、視点、時間などの捉え方に言及し、

「手放しの法則」

「気付きの法則」

「引き寄せの法則」

「今ここに生きる」

など自己啓発や成功哲学まで応用されている。

私は頑固で一度決めたら突っ走る傾向にあった。だからこそパイプオルガンのような特異な楽器を続けられたのかもしれない。このＮＬＰ理論を理解することで心が楽になり、

別の視点や広い視野で物事を捉えられるようになった。

東日本大震災と原発事故に端を発してドイツ移住を決断し、築いてきたものを全て手放した。普通の人が経験しないような様々な苦難や挫折を味わい、まさに人生のどん底と言わんばかりのストレスから鬱状態に陥り、多くの特異な体験をした。

「全ては意味あること」

だと捉えることにより、思い込みや洗脳から解放され、未来に向かって新しく生きられるような希望を、ＮＬＰ理論から学ぶことができた。

４．ハウステンボス音楽祭

東京で思うように就職活動が行かない中、母には、これ以上、心配掛けたくないと思っていた。佐世保の実家には、

「再びドイツから日本へ戻って来たこと」

を知らせていなかった。

人間は行き詰まると故郷が恋しくなるもので、

「ふと実家の家族は、どうしているか」

様子を伺いたくなった。久しぶりに実家の母へ電話連絡してみた。躁鬱を繰り返していた父は、変わらず精神病院に入院しており、弟も引き続き知的障がい者施設で元気にしていた。

これまで二度の脳梗塞を患っていた母が、

「四月の初めに大腸癌の手術をする」

しかも、

「誰も付き添いがいない」

という。

急遽、私は二月の寒い中、佐世保に帰郷することにした。担当の医者によると

「直腸にできた悪性の大きな腫瘍を切るために、肛門から管を入れて切除します」

「手術自体は、それほど難しくありません」

しかし手術の三ヶ月以上前から、癌手術の必要性を聞かされ、

「一人で心細かったであろう」

と母親の気持ちを思うと、連絡を取らなかったことを申し訳なく思った。

無事、手術は成功し、約十日間の入院生活では、毎日の見舞いなど久しぶりに親子水入らずで、母に寄り添うことができた。

以前、佐世保で就職の可能性がないかと思い、履歴書とプロフィール、自身のＣＤを、「ハウステンボス」に送っていた。ハウステンボスから連絡があり、

「五月からの約二ヶ月間、春の音楽祭でオルガン演奏の仕事をしませんか」

という依頼であった。

無職の時に、郷里の地元で音楽の仕事ができることは有り難く、母のこともあったので、この仕事を即答で引き受けることにした。

ハウステンボスの仕事は、週に六日間、正午から夜九時までの間に、毎日二十分間の演奏を最低八本以上行う。二つのホテルのロビーと野外の特設ステージで演奏するという、かなりハードな内容であった。

しかも電子オルガンは持ち込みで、オルガンを移動できない場所では、電子ピアノを使って演奏する。電子オルガンは、東京で教えていたオルガンの生徒さんが、

「オルガンは使っていないので使ってください」

と親切に提供してもらい、借りて自費で運び入れた。

私は、これまで年に何回かコンサートで演奏してきたが、毎日連続で、このようなハードな条件での演奏は初めてであった。オルガンとピアノを演奏することは好きでやりたか

ったので、それほど抵抗なく仕事に向かうことができた。

それでも毎日休みなしの仕事は、かなりハードであった。しかもお客さんを喜ばせなくてはならないので、聴衆の耳に馴染んだ曲を中心に選曲しなければならない。

今までのような自分の弾きたい曲でプログラムを組み立てることはできなかった。「聴衆の立場に立った、楽しむことができるプログラム作り」が要求された。

聴衆は音楽を聴きに来たというよりは、たまたまハウステンボスを訪れ、ヨーロッパの雰囲気を楽しみたいのである。あまり音楽だけが目立ってもいけないし、そうかと言って音楽を聴いている人もいるので、手を抜くことはできない。毎回、緊張の連続で、気が抜けないのである。

休みがほとんどなく、毎日とても疲れ果ててしまい、最初は、

「二ヶ月間続けられるか」

心配になる程であった。他の出演者は皆、東欧からの若手演奏家で、四十五歳を過ぎた私にとって、身に堪える仕事であった。

このハウステンボスでの仕事の契約は、二ヶ月間で延長がないことはわかっていたので、次の仕事を探すことも並行した。週に一日の貴重な休みを使って、就職活動を行った。

神戸で音楽療法の仕事があり、その面接を受けに、佐世保から神戸まで新幹線を使って、日帰りすることにした。この歳で往復十時間以上の移動は体にも負担がかかり、それまでの疲れも溜まっていたのか、その直後にぎっくり腰（急性腰痛症）を初めて患ってしまった。

健康保険に加入していなかったこともあり、病院に行かなかった。それでも演奏の仕事を続けなくてはならなかったので、とても苦痛で大変であった。この神戸の仕事の合否は不採用になったが、今となっては、それで良かったと思っている。

ハウステンボスでの二ヶ月はあっという間に過ぎた。この経験は自分の音楽観を変え、人前で音楽を演奏することの意義を改めて考えさせられるなど、様々なことを学ぶことができた。

5．らいふステージの仕事

ハウステンボスの仕事を全うすることができた。次の仕事を探すために佐世保ハローワークに通ったが、音楽関係の仕事は、なかなか見つからなかった。音楽か教育関係の仕事がなければ、福祉の仕事をしてみたいと思っていた。それは父と弟が障がい者で、私は、これまで彼らにあまり寄り添って来なかった。

それに加え、どのように彼らに接していいかわからず、障がい者を恐れていたからである。そのことは障がい者に対する偏見と差別が、自分の中に潜んでいることの証でもある。

そういう時に同じ九州、別府の音楽マネージメント会社から事務職の面接に誘いがあった。それと同じころ佐賀県に本部を置く福岡県小郡市の

「障がい者福祉施設らいふステージ」

の生活支援員の面接も受けることとなった。

幸い両方とも採用であったが、病弱な母を残しての佐世保からの距離を考えると福岡の方が近かった。それに別府の仕事は、全く音楽ができないということもあり、福岡県の施設の方を選んだ。

「もしかしたら半年後、大学教員に再就職し辞めるかもしれません」

「それでもいいので来てください」

と言われたのも、らいふステージを選択した理由である。

全く初めての分野での仕事で、全てに関して戸惑った。特に最初は障がい者である利用者さんと、どのように接していいかもわからず、精神的にも肉体的にも疲れる毎日を送ることとなった。

私が所属した施設は、就労継続支援B型で、現在グループホームで生活している入所者さん十四名と、隣町である佐賀県基山町や福岡県小郡市近郊から通っている通所者さん九名、合計二十三名の利用者さんがいた。

毎朝ラジオ体操に始まり、買い物袋などを作る紙袋作り、近所の人達の車を洗う洗車、山で作業を行う竹炭作りなどの作業を行う。その仕事を通して職業訓練を行っており、我々職員は、その支援を行う
「生活支援員」

の仕事であった。

火曜日と木曜日、金曜日の昼休み前の三十分間は、同じ職員で地元のラジオ局でアナウンサーをしているライオさんの英会話があった。一時間の昼休みを取り、午後の作業が終わると、二時から職員と一緒にみんなで施設の掃除を行う。掃除の後は、利用者さんが帰宅する四時までは趣味の時間であった。

カラオケや散歩、ドライブ、映画鑑賞、買い物、図書館に行ったり、絵を書いたり、イベントの準備をしたりして、職員はその手助けをする。その他、利用者さんの入浴介助、送迎、食事の見守りは、大切な仕事である。

ある時、ある利用者さんが私の所に来た。

「トイレを見て欲しい」

行ってみるとトイレ中が下痢による、汚物の海と化していた。

私は一人ではどうすることもできず、リーダーの職員に助けを求め、一緒に汚物の処理をすることとなった。私は初めて他人の汚物の処理をしたが、成人男性のものであったので匂いが強烈で、もう二度とやりたくないと思うほどきつい作業であった。

綺麗ごとではなかった。

「やはり自分には向いていないのではないか」

「私ではなく他にできる人はいる」

と思うようになった。

何度も挫けそうになった。

「半年だけでも続けなければ、今までの自分と同じになる」

と、自分に言い聞かせ、何とか二〇一五年一月までの半年間、この仕事を続けることができた。

この施設に入ったもう一つの理由はポップスであるが、音楽を積極的に取り入れているところにあった。私も月一回のペースで電子ピアノの演奏で出演した。ボーカル、ギター、

カホンなどのパーカッションを入れたライブを企画し、

「障がい者さんと一緒に音楽療法の実践」

をすることができた。その中で、

「みんなで楽しむことができる音楽とは何か」

という問いに対して、自分なりに答えを出すことができた。

ハウステンボスでの音楽の経験も相まって、これからはクラシック一辺倒ではない音楽をやりたいと思った。ポップスとクラシックを融合した
「クラシカル・クロスオーバー」

である
「ニューエイジ・ミュージック、イージーリスニング」

と呼ばれる、

「ヒーリング音楽」

の世界で生きていこうと思うようになった。

結局、この障がい者施設での半年間は、自分の力不足も感じたが、多くのことを学ばせてもらった。

「障がい者に対して差別や偏見の目を持っていたのは自分自身で、自ら障がい者に対して目を閉ざしていた」

ことに気づかされた。らいふステージのモットーがある。

「あなたと共に歩きたい、あなたと共に生きていたい、あなたと共に育って行きたい、ただ人として、同じ人間として」

例え障がい者であっても同じ人間であり、生理的欲求も社会的欲求も普通の人間と同じである。うれしいこと、楽しいこと、悲しいこと、嫌なことを感じることは同じで、

「皆、幸福になりたい」

と願っているのである。

「生きていくこと」

人生の意義について改めて考えさせられた半年であった。

6. 障がい者の出会い

らいふステージには、いろいろな障がいを持った人が入所していた。精神障がい、知的障がい、身体障がいの全てのタイプの人がおり、様々な障がいが混ざっている人もいた。

年齢も高校卒業したての十代から七十過ぎた年配の方まで、健常者の社会と同じ年齢構成であった。争いもあれば、お互い慰め励まし合う場面もある。時には常識では考えられないような行動を取る人もいる。特に性的欲求によるトラブルは、日常茶飯事であった。

「障がいがあるが故に、病気であるが故に仕方がないことである」

と考えられるようになるまで時間がかかった。

障がい者という健常者から見た、健常者と区別するための言葉である。障がい者のハンディーは人それぞれで、軽度から重度といろいろな段階がある。当然ながら一人一人違うので、同じように対応することができない。それは教育でも同じである。従って日頃から彼らを良く観察しなければならない。

「どういう対応の仕方が適しているか」

職員は絶えず考える必要がある。

「同じ人間である」

という意識で、いつも相手を思いやる気持ちで接することが大切である。

ここでの職員の仕事は、仕事であると割り切ってやるしかないと思っていた。しかし人に何かをするためには、

「愛」

がなければ、できないことも、たくさんあることを痛感した。

全盲で特別支援学校を卒業したての、一九歳の城君と出会った。ギターと三線という沖縄の弦楽器を、とても上手に演奏することができた。

「絶対音感」があり、全ての音の高さを正確に言い当てることはもちろん、ギターや三線の調弦は、チューナーなどの機械を使わずに、自分の耳でパーフェクトに調律することができる。月一回のライブでは、彼がボーカルをやりながらギターと三線を弾いて、私はピアノ伴奏して何度か共演した。その時に私のミスを即座に指摘したりして、彼の耳の凄さを感じていた。

彼のボーカルも決して発声法ができていて、美しい声とは言えないが、素人とは思えないほど人の心を惹きつける力があった。障がい者でも、彼の持っている能力の高さとカリスマ性を、いつも私は感心していた。

彼ら障がい者は、何かしらのハンディーを持ってしまっただけである。私と同じ感覚を持っており、私たち健常者と何ら変わることがない感情を持っていることを学ばされた。そして人は必ず長所があるが、このような障がい者も人より抜きん出た、特別な能力を持っている場合が多いこともわかった。

私が送迎していた知的障がい者の野口君は、どんな小さな道までも一度通った所は、全て覚えていた。送迎車はカーナビが付いていなかったが、彼がカーナビの代わりをしてくれて、とても助かった。

「ピアノを教えて欲しい」

城君がピアノに興味を示し、弾けるようになりたいと…。

私は空き時間を見つけて、彼に定期的にピアノを教えることとなった。彼のピアノ経験は、特別支援学校の音楽の時間に僅かに習っただけで、ほとんど初心者状態であった。

全て私の手本を耳で聴いて、それを鍵盤上で確実に再現していく。難しい和音も全て耳で聴いて、確実に音にすることができた。

指の形と指の番号は、彼からは見えていないので真似できない。しかし音楽の細かい表情までも、彼は確実に再現できた。しかも私は楽譜を見ながら弾いており、私がミスタッチをすると、逆に指摘される程素晴らしい絶対音感を持っていた。

それでも彼は僅か三ヶ月の間に、

「ベートーヴェンのエリーゼのために」

「モーツァルトのトルコ行進曲」

を練習して弾けるようになった。私の最後のライブで彼がみんなの前で演奏した時は、感動で涙が止まらなかった。

障がい者というと幼い頃から、よくいじめに遭い、社会的に差別されてきたという偏見があると思うが、全く違う人生を送って来た人もいた。二十四歳の障がいを持つ女性のインタビューで、以下のような話を聞くことができた。


私は、障がいを持って生まれて来ました。お父さんお母さんに愛され、お兄さんお姉さんにも恵まれ、幼稚園から高校生まで養護学校で育ちました。その後、らいふステージの前身である、障がい者福祉施設リブロに入所し、今まで外の世界を知りません。

私は今まで障がい者であることを、あまり意識したことはありませんでした。また障がい者であることで辛い思いをしたことも、ほとんどありませんでした。それは愛する家族、施設の親切な先生方や職員さん、同じ多くの仲間に出会い、支えてもらい、助けてもらったからです。

体は健康ですし、不満もなく、とても幸せに毎日生きています。将来は結婚して、子どもが欲しいと思っています。私は、人に優しくすることを心がけています。それは多くの人から親切にされ、優しくされ育ってきたからです。


障がい者に対してのイメージを百八十度変えられるような話である。障がい者への差別や偏見は、我々健常者が勝手に作り上げた幻想だということもわかる。

この、らいふステージでの半年間は、慣れない仕事と今まで接したことのない人たちとの交流で、自分にとっては試練でもあった。今となっては、いい思い出となり、人生の勉強をさせてもらい、人間的に成長できた。また今後、このような人たちと音楽で交流できたら、どんなに素晴らしいことかと思った。

7．京都へ移住

ドイツ移住のため大学を退職し、失業を経験し、演奏の仕事、福祉の仕事をした一年半の間は、肉体的にも精神的にも疲労困憊だった。また慣れない仕事で毎日がとても長く感じられ、生きていくことに苦痛すら覚えるようになり、精神的にも追い込まれていった。

冷静に振り返ると大学教員を十八年以上勤めてきたが、教育研究することに関して苦痛を感じることは、ほとんどなかった。しかし、大学を離れてみて、

「何が問題であったのか」

考えてみた。それは自分の仕事以外の雑用や通勤、少ない休養などでストレスを感じて

いた自分に気が付いた。

この日本とドイツを股に掛けた特異な経験は、普通では考えられない。また今までやったことのない音楽や教育以外の仕事をやることによって、「やはり自分には大学教員が一番適している」ことを改めて悟った。

二〇一四年度に大学教員として再就職が叶わず辛い思いをした。二度と、そのような辛辣を味わいたくないと思い、「二〇一五年春には必ず大学に復帰する」ことを目標に、多くの大学教員の公募に応募した。

十六大学に応募し、約三分の一の五大学から面接の案内が来て受けに行った。結果として二大学の合格を受け取り、最終的に一つの大学に採用された。


約二十年前、ドイツ留学を終え日本に帰国した。無職を経験し、パイプオルガンではなかったが、幼児音楽教育を短大の非常勤で教える仕事を得た。千葉大学の公募があり応募して専任教官として採用された。

千葉大学に八年間勤め、尊敬していた多湖輝先生が新設大学の学長になるということで、私も新設大学で働きたいと思い、東京未来大学へ転職することとなった。ところが多湖先生は一年間で学長を辞められたため、私は残念に思っていた。

そんな矢先、玉川大学の小学校音楽科を教える公募があり、応募して採用された。新設大学を三年間で辞めてしまう結果となったが、苦労して手にした玉川大学での教職で一生働くつもりでいた。

東日本大震災と福島での原発事故をきっかけにして、

「ドイツで子供達を教育する」

という名目でドイツへ家族で移住する決断をした。いざドイツへ行ってみると現実は厳しく、家族が生活できるレベルの仕事を見つけることはできなかった。

単身で帰国し、再び大学教員を目指したが、結果を出せないまま精神的に追い込まれ鬱状態を経験した。母の病気と介護も重なり佐世保の実家へ帰郷し、ハウステンボスで演奏の仕事を経験することとなった。その後、佐世保に近い福岡で、福祉の仕事をしながら大学教員に戻る準備をしていった。

「必ず大学に戻る」

私は心に誓い、結果を出すまでは諦められなかった。

その結果、滋賀県の短期大学から、就職の誘いがあった。

「ぜひとも来て欲しい」

待たれる幸せを感じながら、私は再び短期大学ではあるが再就職した。以前から京都に住みたいと思っていた。大学のある滋賀県大津市に隣接する京都市山科区に住むことにした。

今までは持ち家があり、音楽教室を運営していたので、東京から離れることができなかった。全てを手放した結果、東京以外の地方にも応募できるようになり、再就職の可能性が増えた。

「日本で東京が一番」

私は、いつも東京で一番になることを目指していた。しかしドイツ移住を通して、その思い込みや洗脳もなくなり、視野も広がり目が開かれて、他の地方大学にも応募することができた。

今度こそは長く勤めたいと思っているが、任期付きの採用なので、今後どうなるかわからない。しかし、どんな道に入っても、またどこへ行っても、最善を尽くし、

「今ここ」

を大切に生きていきたいと思った。

8．久しぶりのドイツ

ドイツ移住を選択し、二〇一三年夏に決行したが、二〇一四年一月に就職活動をするために再び日本へ帰国した。住民登録、滞在・労働許可証（就労ビザ）、銀行口座、賃貸契約などが、ドイツで宙に浮いたままの状態であった。

「自分で始めたものなので、自分で終わらせなければならない」

再就職が決まり、日本に戻ることが決定したので、特にお役所関係の申請を取り消す必要がある。二〇一五年三月中旬に、一週間の予定で再びドイツへ向かった。

成田空港からフランクフルト空港へ定時よりも遅れて到着した。デュッセルドルフへ向かう連絡の高速バスでは、日本の明るい高速道路とは対照的な、照明のほとんどない暗い中を時速百キロ以上の猛スピードで疾走した。制限速度のないアウトバーンでは、時速二百キロは優にあると思われる車が、次から次へと抜いて行く。そういう様子を見ると、約一年振りに再びドイツへ来たことを実感した。

久しぶりのデュッセルドルフは、ビザを取るのに苦労し、仕事を見つけることもできず、何をやっても空回りだったので、あまりいい思い出はない。それにデュッセルドルフに住んでいる子供達に会うことができない。

このドイツ移住の大冒険は、私たち家族を崩壊へと導いた。妻が日本帰国を拒んだため離婚調停、さらには訴訟となり、家族と連絡が取れなくなったのである。それでも、ここデュッセルドルフは約四ヶ月間暮らしたので懐かしく、いろいろなことが思い出された。

お役所関係の手続きは、取得の時とは対照的に、何の問題もなく、その場で即座に抹消できたので、いささか気が抜けた。

ビザの件でお世話になった、画家の吉田さんに挨拶に行こうと思った。しかし、うかつにも連絡先を失くしてしまい直接、彼のアトリエに何度か出向うが、留守で会うことはできなかった。ビザが取れたことを報告して以来、彼とは会っていなかったので、とても気になっていた。

日本語教会でお世話になった木田さんにも会うことができず、教会の人に日本からの土産を渡してもらうだけであった。滞在最終日にデュッセルドルフの銀行に出向き、お世話になった日本人スタッフにお礼の挨拶をし、日本土産を直接手渡しできた。銀行口座の名義変更などの抹消手続きをしてもらったが、担当の彼女の少し貫録が出た様子から時間の経過を感じた。

三月というのに、まだ肌寒く、曇り空の暗くて重い典型的なドイツの天候であった。日曜日に久しぶりに、世界遺産でもあるケルン大聖堂ドームに行き、ミサを授かった。何の因果なのか、ケルンは、これから住む京都と、同じ古都ということもあり姉妹都市である。

ケルン中央駅を降りた目の前にドームが飛び込んでくる。何度訪れてもケルンのドームには圧倒され、まさにドイツ魂の壮大さ、歴史感、威圧感を感じることができる。教会の中のステンドグラスは、とても美しい。パイプオルガンの

「天から音が降ってくるような響き」

に圧倒され、忘れていたドイツへの思いが蘇って来た。

ドイツへ残して来た子供達に会うことはできなかった。しかしドイツの夢は破れたものの、

「音楽への思いは変わらず持ち続けていたい」

誓いも新たにドイツを後にした。

9．ドイツと日本

「ドイツ人は質実剛健で勤勉で、日本人と似ている」

ということをよく耳にする。確かにドイツと日本は、多くの類似点はある。どちらも大戦を共に戦い、敗れはしたが、戦後、経済復興を成し遂げ、同じ産業構造において工業製品

の輸出を中心に発展した。

今日では少子高齢化社会で、同じ環境問題に直面しているように見える。しかし人間の気質は、個人にもよるが、似ているようで全く異なる二つの国である。ドイツ人は大抵の日本人より短気で、集団より個を重んじ、とっつきにくく、繊細さに欠けて、あまり親切でないかのように感じられる。

それはドイツ人が個人主義で、直接的にものを言うので、そのように感じられるのかもしれない。また多くのドイツ人は人見知りをし、本当に信頼関係ができるまでは、人を招いたり招かれたりしないのが一般的である。一度信頼関係ができると社交辞令ではなく、とことんまで面倒を見てくれる。


ドイツはヨーロッパの中央に位置し、九つの国と陸続きで接している。移民が多く、様々な民族や人種が暮らし、近年は混血も増えている。ＥＵで通貨も統一されたことによって、人や物の流通も盛んになり、外国人が増える傾向にある。

現在、ドイツ国籍を持たない外国人は八百万人以上で、人口の約一割が外国人になる計算であるが、実際はもっと多くの外国人が暮らしている。その中で一番多い国は、トルコである。トルコ人は文化的にも宗教的にも、ドイツの西洋文化と違うが、今ではトルコ語を話すことができない二世三世も増えている。

ドイツには文化的な違いによる社会的な摩擦もあるが、文化の多様性を受け入れるような寛大さが感じられる。

シリア難民が問題になっているが、最近では難民も増えており、ドイツでは毎年六万人以上の難民申請があった。難民として認められ、当面三年間ドイツに滞在できるのは、申請者の僅か十五パーセントに当たる一万人程にしか過ぎない。

地震や台風などの自然災害は少ないものの、ドイツの天気はあまり良くないことで知られている。特に冬の寒さは、厳しい。天気も変わりやすく、一日の中で何度も晴れと雨が交互に入れ替わり、全体として曇りがちである。

この気候は、欠点ばかりでなく長所もある。それは何百年にもわたってドイツ語圏では、多くの音楽家や科学者、哲学者、文学者を生み出してきた。南国のように湿気が多く蒸し暑い気候では、理性的に物事を考えることも少なく、ドイツのように家に籠もって何かをする気には、あまりならないかもしれない。

逆に北欧やシベリアなどのような高緯度地域では、寒過ぎて昼も短いと、思索に駆り立てられることも少ないかもしれない。そういう意味でドイツの気候は、芸術家や思想家を輩出するのに、最適な気候であることがわかる。

その気候は、人の気質にも影響を与えていると考えられる。ドイツの合理的で徹底的な気質は、日本とドイツの戦後処理でも顕著に表れている。ドイツは戦後、ナチスドイツの犯した戦争を断罪し、ユダヤや近隣諸国に謝罪し、多くの賠償を今も行っている。

しかし日本は、謝罪や賠償については、未だに曖昧で、そのことが外交上の問題に発展しているようにも感じる。戦争責任に向き合うドイツと、目を背ける日本とまでは言わないが、ドイツの故ヴァイツゼッカー元大統領は、演説で訴えた、

「過去に目を閉ざす者は、現在にも盲目になる」

ドイツ人は歴史や伝統を大切にして、過去から学ぼうとする姿勢は、日本人より大きいと感じる。

ドイツ人の徹底的な姿勢は、環境問題への取り組みや、最近では脱原発の姿勢でも顕著に表れている。ドイツに来て、二つのガイガーカウンターを使って放射線量を測ってみたが、大体0.05から0.06マイクロシーベルトだった。東京の約半分の数値であるにも関わらず、ドイツの脱原発は日本より進み、それは多くの市民のデモから始まっている。

戦後ドイツも科学技術を信奉し、核エネルギーの平和利用ということで多くの原子力発電所が建設された。一九七〇年、南ドイツのブライザッハ原子力発電所の建設に対して、組織的な反対運動が起こり、その後、さらに拡大していった。こうして反対運動は、

「笑う太陽」

シンボルマークと共にドイツ全土にしっかりと根付いていった。

ドイツでデモは、民衆の意見表明の一つの手段と考えられ、週末には各地でデモが行われることがしばしばである。福島の原発事故が起きた時に、六万人が反原発の人間の鎖を作った。その鎖は南ドイツのネッカーヴェストハイムからシュトゥットガルトにまで及び、ドイツ国民の大多数が脱原発に同調した。

その結果、ドイツ政府は二〇二二年までに原発から完全撤退することを決定したことは、日本とは対照的な結果となった。


ドイツと日本は、西洋と東洋の全く違う文化と歴史、環境を持っており、全てにおいて違っていて当然である。この違いをお互いに尊重し大切にし、学べるものは学び、取り入れて行くような柔軟さが重要である。この姿勢は、これからのグローバル化が進む国際社会において、現代社会には大切だと考えられる。

私も全てを手放してドイツへ移住するという、自殺行為にも見えるような選択をしてしまった。ドイツは日本から距離的には遠く離れているものの、遠い異国のお話では終わらせることはできない。この人生の選択が自分の狭い視野を越えて、より広く高い視点から眺められるなら、新しい世界の多くのものを、経験できるという成長にも繋がる。つまり違いを理解することは、人格的成熟に繋がるのである。

ドイツは私の専門であるクラシック音楽発祥の地である。特にパイプオルガンを勉強する者は、ドイツの大バッハは、必ず通らなければならない不可避な音楽大国である。

この音楽的に視野を広げる以外にも、ドイツは様々な領域において果たしてきた文化的、学術的、歴史的な役割は大きい。現在でもＥＵの中心国として、また経済大国として世界の中でも重要な役割を担っている。

たとえ成功はしなくても、このドイツと日本の人生の放浪において人間的には成長できたことを確信したい。また人間は目的が変われば生き方も変わることを実感しつつ、この人生の冒険を続けていきたいと思う。

10. 夢

ハウステンボス春の音楽祭で電子オルガンとピアノを演奏していた時に、神戸での音楽療法の仕事に応募し、面接に行った。また二〇一五年春に神戸と明石大橋へ観光で行った。

神戸は海と山が迫っており、西洋の面影を残し、横浜ほど大きくはないが中華街があり、エキゾチックで異国情緒漂う私の好きな街である。海育ちの私としては、京都近くの琵琶湖では、いささか物足りない感じである。

私は幼い頃から母方の祖母に連れられ、プロテスタント教会の日曜学校へ通っていた。中学校三年生の時に、親に内緒で洗礼を受け、クリスチャンになった。教会や西洋への憧れは人一倍あった。それに加え音楽が好きで、ピアノを幼い頃から習っていたことも手伝って、パイプオルガンを専攻し仕事をしてきた。

パイプオルガンなど西洋音楽を演奏していくには、人に聴いてもらわないと始まらない。しかもパイプオルガンのようなマイナーな楽器は、日本の田舎では商売にならない。パイプオルガンに関わっていくには、人が多く集まっている都会でないと無理であると思っていたため、ずっと東京から離れられずにいた。

そういう意味で日本において神戸は、私が求めていた全ての要素が詰まった街だと思い込んでしまった。私はいつしか、

「神戸の大学で仕事がしたい」

と希望するようになっていった。

二〇一五年四月から滋賀短期大学で仕事をするようになった。今まで接してきた関東や、生まれ育った九州における習慣や風土とは全く違った、関西の文化に触れることができた。

このご時世、この本を出版することは難しく、自費出版でないと無理であることは理解していた。そういう時に、滋賀短期大学の学長裁量経費という研究費を、この本の出版の足しにできると私は考えた。そこで、この研究費に応募し採用された。

ところが後日、学長に呼び出された。

「大学の研究費を、一個人のエッセイに援助することはできない」

と採用されていた研究費にも拘らず、途中で却下されたのであった。

「この本は、私の今までの研究成果と人生が詰まっている本である」

と学長に訴えたかった。

「議論することほど無意味なものはない」

と思っていたので、快く学長の申し出を受け入れた。


そういう時に神戸の二つの女子大学の音楽教員の公募があり応募した。一つの女子大からは早々とお断りの通知が届いた。ところが、もう一つの女子大からはオーディションの案内が届いた。しかも、

「パイプオルガンを大学で教える」

という夢に描いていた仕事であった。

私はドイツでのパイプオルガン留学から日本へ帰国して長年、大学で仕事をしてきたが、

どこも音楽教育を教える仕事であった。

「日本の大学でパイプオルガンを教えたい」

といつも思っていた。今回の、この神戸の大学のオーディションは、パイプオルガンを教えられて、憧れていた神戸で、しかも女子大学であった。

留学帰国以来、二十年目にして初めて舞い込んだ、パイプオルガンを大学で教えられるチャンスが訪れた。

私は、まさに、

「引き寄せの法則」

「思いは叶う」

と自分の都合のいいように思い込んでしまった。

今、冷静に考えると、

「なぜ千葉大学や玉川大学などの、誰もが羨む仕事を手放すことができたのか」

もちろん様々な理由と成り行きもあったが、最大の理由は、

「自分が一番やりたいことではなかった」

からである。

「ものの見方が変われば行動も変わる」

このオーディションは、パイプオルガンを十五分間弾き、模擬授業で大学生を相手に合唱指導を二十分間行い、その後に面接という内容であった。

「絶対に落とすことができない」

と思い、準備で費やした一ヶ月間は、パイプオルガンも、模擬授業も、面接に対しても最大限の努力と全身全霊を、このために注いだ。

「努力は必ず報われる」

と言わんばかりに、自分にやれることは全てやった。

「自分らしく生き、自分を生かすために」

「自分を一番発揮でき、自分が一番やりたいこと。自分の好きな道であり、自分にできることをやるために」

すなわち夢の実現に向かって準備した。

今までの失敗に対しても、

「未来は過去の延長線上にない。過去に執着しない」

「私たちは変わることができる」

「正しい原則であれば百パーセント作用する」

ということを信じて。

「後悔ではなく反省と準備は大切。歴史は繰り返すので歴史から学ぶことは大切」

オーディション本番当日では、

「比較し、期待するから苦しくなり、不安になる。恐怖心、怒り、恨み辛み、不平不満を手放す。自分を手放す」

「うまくいかなくて当たり前。一割できて、それでいい」

「全ては自分のつくり出している思い込み」

「楽しむ！」

「笑いや笑顔は幸せの象徴。今ここで幸せを感じる」

「集中とは考えないこと。無心・無我になること」

等々と言ったことを自分に言い聞かせて、本番に臨んだ。

「人に与えたものは必ず返って来る。すなわち自分が源泉。自分で作った結果なら自分で作り直せる」

と信じて結果を待った。

十日後に不採用という結果が送られてきた。私は落ち込むかと思ったが、精一杯やって最善を尽くしたので、この結果をすんなりと受け入れられた。後悔など全くない。

それどころか、この準備のために費やした一ヶ月間に得た、

「多くの気づき」

を得た。

「運が悪くて不合格や失敗する人は一人もいない。失敗するのは実力が足りないからである」

「行動することで与えられるものは、成功でも失敗でもなく、ある気づきである。成功や失敗という概念は、人が勝手に与えた尺度に過ぎない」

「私は失敗したことがない。ただ一万通りの、うまく行かない方法に気づいただけである」

とトーマス・エジソンは言っている。

「必ず、またチャンスは訪れる」

と心に言い聞かせて。

人は安全に安心に生きるために恐怖を自分から遠ざけ、都合のいいものを自分に引き寄せ、いつも悪いことが起きないか見張っていて、管理コントロールしているつもりで生きている。その計らいが全て独りよがりのゲームで、実際は、そんなことは全く通用しないで、ただ起きることが淡々と起きているのだと…。

本来、我々を生かして止まない完璧な流れ（調和）に誰もが乗ることができる。自分がやっていたつもりであったが、ただ単に事が起きていたのだということに気づかされた。

「起きることが起きる。それ以外は決して起きない。こうなればよかった。こうならなければよかったと思ってはいけない。それ以外は決して起きなかったのだから」

釈迦のタタータである。つまり、この世の全ての事象は、必然だということである。

このオーディションから得た気づきで、はっきりと自分の進むべき道、すなわち夢が見えた。

「日本でパイプオルガンを伝えたい」

「四年制大学に戻りたい」

「東京でカフェ・オルゲル〜パイプオルガンのある喫茶店を作りたい」

これらの夢を実現するために、

「結果を焦るな、因果の帳尻はきちんと合う」

「成功するコツが一つある。それは成功するまで止めないことである」

と、心に抱きつつ生きて行こうと誓った。

11. 今ここに生きる

私たちは、今までずっと、

「今」であり、これからもずっと、

「今」である。

「今」以外に存在したことがない。常に、

「今」にしか生きられない。

「幸せ」は感じること（感情）で、

「今」しか感じられない。したがって、

「今ここ」でしか、

「幸せ」になれない。だからこそ、

「今ここで幸せを感じること」

が大切である。

「思考」とは、過去や未来への執着である。つまり人には過去への捕らわれ、未来に対しての不安が付きまとう。

「今ここ」には思考や感情の入る余地はない。

「今ここ」を徹底すると不安や苦しみ、悲しみがなくなる。

それらのネガティブな思考や感情は、自分自身で握りしめており、いらないものである。

だから、

「手放すこと」

が大切である。
「今ここ」の反対は、
「何時どこ」である。私たちは、いつも、
「何時どこ」で自分を見失う。
「今ここ」とは、
「実は、この世の中に時間というものが存在していなかった」
ということを見抜いたときに訪れる感覚のことである。
「今」は、
「時間」（瞬間）ではない。
「ここ」は、
「空間」ではない。
「今ここ」は、
「存在」そのものであることに気づいた。

「なぜ音楽が好きなのか」
それは音楽をする時、例えば歌っている時、楽器を弾いている時、音楽を作っている時、
音楽を聴いている時に、

「幸せを感じる」

からである。人は、

「今ここでしか幸せになれない」だから、

「今ここで幸せを感じること」

が大切である。

「どういう時に幸せを感じるか」それは、

「無」

になった時である。人は、感情と思考がなくなった時に、

「無心」

になれる。

人生で無心になる場面が幾つかある。それは寝ている時、笑顔で笑う時、驚いた後のホッとした瞬間、何かに集中している時など…。

音楽をしていると、それにのめり込み集中でき、幸せを感じることができる。私は、幸せを体感できる音楽が好きであった。だから幼い頃から音楽に打ち込んできたことを認識した。


人生そのものには意味も価値も目的もない。意味付けや価値付けをしているのは人間で

ある。対象物や関係性、出来事、あらゆる事象、事実への意味や価値、目的は定まっていない。

現実は一つでない。なぜなら、その現実に意味付けをしているのは人間だからである。現実（事実）は一つだという誤った認識（思い込み）が対立を生む。全ての事物に意味や価値があるのではなく、

「存在」そのものに意味や価値がある。

「人間は生かされている生き物である」

「人生は思い通りになんかならない。何とかしようとしてもできない」

「自分の感情（気持ち）や思考は自分で決められる」

「どういうあり方で進むかが大切である」

「今あるがままの自分を認める」

「時には、諦める（明らかに見る）ことも必要だが、逃げてはならない」

「そうか一度、自分を手放せばいいのだ」

「サレンダー・・・」

12. 人生

人生は一瞬で決まる。どちらを選択するか決めた瞬間に、人間は変われるのである。

「成功する人生を目指したい」

誰でも、そう願うのではないだろうか。そもそも、

「成功」

とは何だろうか。

「こういう状態になったら成功」

この状態を人は、

「成功」

と呼ぶ。そう考えると
「失敗」

はなくなる。

「失敗は成功の糧である」

そして人それぞれ成功の定義は異なる。この世には絶対に成功するコツがある。

「成功するまで止めないこと」

うまくいかなければ、改善策を考え、何度もやり方を変えて、望む結果に近づけていく

ことが大切である。そのためには、行動することが大切である。その行動を司るのが、「思考」である。思考は経験や勉強によって変化する。だから経験や勉強は重要で、過去から学ぶことは大切である。


私は頑固で完璧主義者であった。私たち家族に対して多くの人が、

「リスクが大きいので、ドイツ移住は止めた方がいい」

という忠告を無視してしまった。なぜ私は無視してしまったのか。

「自分は正しい」

と思っていたからである。

「途中で止める勇気も必要」

「自分が正しいと思っていることが間違い」

そのことに気づいた。

「自分が正しいと思っていることを疑ってみる」

その正しさこそが間違いであり、成長を妨げていた。自分にとって正しいと思っている考えや行動は、透明化して自分には見えにくく、気づき難い。

「どこが間違っているか」

「どうすれば良くなるか」

がわからなくなってしまった。つまり人間は、自分では当たり前と思っていることの中から、間違いを見つけることは難しいのである。

「自分の正しさを疑い、違った見方をすること」

つまり視点を変えることが大切である。まさに、

「常識を疑え」

である。

ドイツ移住を通して柔軟に謙虚に人の意見を聞くことの大切さを学んだ。

「自由」

「安全・安定」

を求めてドイツへ移住した。しかし
「自由」

「安全」という感情は対立し、同居できないことに気づいた。

「自由」とは冒険であり、リスクが伴うことにも挑戦し、変化を恐れないことである。

「安全」とは危険を避け、快適さを重視し、変化を避けることである。自由と安全の両方を求めると、感情の対立が起こり、うまくいかなくなるのである。

「正義」

「愛」

　この感情も対立する。

「正義」とは他とは異なり、自分らしく個性を大切にし、他者に認められることである。

「愛」は、みんなと一緒の仲間であり、受け入れられる、

「心の故郷」

であると言える。

　人生において、どの感情を優先させるか、

「選択基準」

が大切である。

　選択基準が変わると、選択が変わり、選択が変わると、行動も変わる。そして行動が変わると、人生（未来）が変わる。選択基準は思考であり、その優先順位が行動を決め、その結果、人生が変わる。

　選択だけを変えると、感情が対立したままで、自分の本来望んでいる感情と、その選択によって、もたらされる感情が噛み合わなくなり、だんだん苦しくなり、うまくいかなくなる。

「自分の命を守ること」

　人間のＤＮＡの中にインプットされている。しかし自分の命を守ること以上に大切なこ

とを見つけることが重要ではないか。つまり命を使うこと。

「使命」

を見つけることが大切であり、それが
「人生の目的」

になる。人は、それぞれ使命がある。そして、

「人は生きているのではなく、生かされている」

ことに気づくことができる。


全ての出来事には必ず肯定的な意図があり、活かせる場所がある。つまり物事に失敗はなく、全てのことは必然であることがわかる。

人間は、どんな基準で物事を考えるかによって、幸か不幸かは変わってしまい、

「幸せ」

とは感じ方（感情）であることに気づく。

「成功すること」

「幸せになること」

は全く別物で、自分で作ったイメージ（思考）で、自分を苦しめていた。

ストレスは自ら作り出している幻想に過ぎず、真実は変えられないが、イメージは変え

られる。人間はストレスが重なると、鬱的な症状を引き起こし、偶然の体験が我々のイメージを、無意識的に身に付けさせてしまう。

事実や他人は変えられないので、何が事実で何がイメージであるかを区別し、自分が変わるしかない。

自分を受け入れたら、他人も受け入れることができ、他者との人間関係も好転する。他者を受け入れられなければ、自分も苦しい思いをする。人間は自分自身を裁く価値基準で他人も裁いているので、他人を裁いてはいけない。

人間関係がうまくいかなくなる根本的な原因は、こだわりが強すぎて、他人を認められないからである。人間を苦しめているのは、出来事ではなく、他人でもなく、自分自身でもない。自分自身の無意識が作り出したイメージと、そこから派生した価値観が、人間を苦しめていることも理解できる。

いかなる問題も意味、意義を見つけることはでき、深い意味、意義に気づく必要がある。それに気づくためには、広い範囲の多様な人間関係や立場との関わりを、俯瞰することが大切である。

人間は本来、何も手に入れなくても豊かな存在である。エネルギーは否定的な感情があると、あっという間に消耗してしまう。何の心配もなければ、エネルギーは消耗されないので、それが豊かさの源泉に繋がる。エネルギーが消耗されないだけで、私たちは満たされ豊かになれる。

焦らずゆっくりと少しずつ、生まれ持った資質を取り入れた生き方、働き方をすべきである。

「腑に落ちない」

などの違和感こそが、大切なことを教えてくれている。

人間は深く理解することによって、受け入れられるようになる。他と比較することがなく、広く深い視野で、長い時間の中で捉えることが大切である。

ハウステンボス音楽祭会場での電子オルガン

らいふステージ（福岡県小郡市）

おわりに

一九九五年秋にドイツ留学から日本へ帰国し、様々な小さな挫折はあったものの、パイプオルガンを中心とした音楽活動を行いながら、大学教員とパイプオルガン教室の運営という二足の草鞋であった。家族と共に順風満帆とまではいかないにしても、それなりの人生を歩んでいた。

東日本を襲った大震災により福島の原子力発電所が損壊し、

「放射線により日本全国が汚染される」

のではないかと思い込み、過剰反応してしまった。

三人の娘を持ち、子供達を強く愛していた私は、子供達への甲状腺癌を恐れ、ドイツへの移住を画策し、妻の決断によって強行した。私は苦労して建てた家と土地、愛用のパイプオルガンを売却し、渡独の費用とドイツにおける当面の生活費に充てた。

私はドイツにおいて必死に就職先を探したが、思うような就職先が見つからなかった。

ドイツ移住は日本での生活の歪や、うまくいかなくなったことからの逃避でもあった。

それはいつしか、

「子供をドイツで教育するため」

という大義名分に変わっていった。

ドイツ人弁護士の力を借りて、何とか二年間の滞在許可と労働ビザを手にすることはできた。しかしドイツで就職できない現実を突きつけられ、ドイツ移住の四ヶ月後、私は家族を残して、再び一人で日本に戻り就職活動を行った。


六ヶ月間、失業保険をもらいながら、ゼロからのスタートは困難を極めた。二〇一四年度中に希望していた大学への再就職は叶わなかった。私は失意のどん底に陥り、極度のストレスと絶望感から、鬱状態にもなった。

そういう時に脳梗塞を二度患い、右半身が不自由で一人暮らしであった母が大腸癌を患った。母に呼び戻されるように急遽、私は故郷の佐世保へ帰ることにした。幸い母の癌の手術は成功した。病気がちの母は、介護保険で
「要介護一」

に認定された。

佐世保の地元ハウステンボスから二〇一四年春の音楽祭で、ピアノとオルガンを弾く仕事の依頼を受け、二ヶ月間、実家からハウステンボスへ通うこととなった。私を仕事に送り出すため、母の毎日の世話に頭が下がる思いであった。

それまでクラシック一辺倒であった私の音楽も、ハウステンボスでは受け入れなかった。

気軽にＢＧＭとして聴くことができ、多くの人の耳に馴染んだ、「ポップス」を中心に演奏した。徐々に私の中の音楽観も変わっていった。

二〇一四年八月から二〇一五年一月まで、福岡の障がい者福祉施設で生活支援員という慣れない仕事をすることとなった。仕事自体は三Ｋと言われるようなハードな労働で、低賃金であった。そこで様々な人との出会いを通して、それまでの人生観を変えさせられるような貴重な経験ができた。同じ人間として、「人が生きていくこと」

人生について考えさせられた。その施設で毎月一回バンドによるポップス中心のライブを行い、私は電子ピアノで出演した。日本において音楽を楽しく共有するには、ポップスを取り入れたクラシック音楽の方向性、「クラシカル・クロスオーバー」の必要性を痛感し、その施設で音楽療法の実践を行うことができた。

私は家族を呼び戻すため、懸命に就職先を探し、多くの大学教員の公募に応募した。しかし思うように結果が出せないでいた。二〇一五年も大学に戻ることが叶わないと諦めかけた時に、関西の地方短期大学から声が掛かった。そして再び短大ではあるが大学の教職に戻ることができ、一人で京都に住むこととなった。

このドイツ移住の選択によって結果的に家庭が崩壊し、妻と離婚することとなり、子供達とも離れ離れになった。そして今まで築いた地位や名誉、財産など全てを手放すこととなった。

なぜ、このような荊の道を通らなければならなかったのか。それは自分に原因があり、「自分で引き寄せた」ものであると気づかされた。

大好きな音楽ができず、無職状態が続き、まさに逆境を味わい、先の見えない人生に、苦悩と後悔の連続であった。しかし、この試練は人間を強くし、成長の糧となることに気づかされた。今となっては、「あの時こうすれば良かった」という反省はあっても、不思議に後悔はない。

ドイツ移住と人生の選択から様々なことを学ばせていただいた。

二〇一六年二月二九日、滋賀短期大学長へ辞表を提出した。新年度から東海学院大学准教授として着任が決まったからである。二〇一五年秋に神戸の女子大に不採用が決まって

から、年度中に、

「四年制大学へ戻ること」

は叶わないと諦めかけた時、二〇一六年一月に四年制大学の公募が出され応募した。書類審査の後、二回の面接と模擬授業を行い、結果は採用であった。

日本の民法によると、

「自己都合退職は、一ヶ月前までに退職届を提出しなくてはならない」

結局二〇一五年度は、十八の四年制大学、八つの短期大学に応募した。四つの大学から最終審査である面接に招かれ、二つの大学の内定が取れ、最後に一つの大学を選択した。

私の人生、最後の最後で事が決まる。逆に最後にならないと決まらない。まさに最後のどんでん返しである。とてもしんどいが、今では、これも楽しめるようになった。

「必ず、またチャンスは訪れる!」

「成功するまで諦めない!」

関西では話にオチは付き物である。

最後に、この本の出版に関して、ご尽力いただき、編集に関し多大な助言をいただきました自分流文庫の高田城さん、校正にご協力いただきました富田幸子さんには心よりお礼を申し上げます。

そして最後まで読んでいただきました、皆様には感謝いたします。

「ありがとうございました！」

「今ここで幸せを感じる人生を、お送りください」

二〇一六年初夏　京都山科にて

パイプオルガニスト　紙屋　信義

移動式パイプオルガンによる出張演奏承ります

著者略歴

パイプオルガニスト・紙屋信義（かみや・のぶよし）

長崎県佐世保市出身。南西ドイツ、シュトゥットガルト国立音楽大学で教会音楽とパイプオルガンを専攻し卒業。帰国後、オルガン演奏活動と音楽教育の研究を行う。府中の森芸術劇場および安土文芸セミナリヨ・オルガン講師、千葉大学助教授、東京未来大学准教授、玉川大学准教授、滋賀短期大学特任准教授を歴任。パイプオルガンとピアノのための音楽教室「オルゲル音楽院」を東京浅草橋に創設する。2007 年ソロ CD「トッカータとフーガ～ドイツのオルガン音楽」、2009 年オムニバス CD「カノン×カノン～パッヘルベル・カノン・ヴァリエーション」、2010 年オムニバス CD「マリア×マリア～アヴェ・マリア作品集」、2011 年ソロ CD「大フーガ～ドイツのオルガン名曲集」、2012 年オムニバス CD「G線上のアリア～15 ヴァリエーションズ」をマイスター・ミュージックよりリリース。2013 年夏、ドイツ・デュッセルドルフへ家族で移住。2014 年春、単身帰国しハウステンボス音楽祭参加。2014 年夏、障がい者福祉施設「らいふステージ」にて生活支援員および音楽療法士を経験。

現在、東海学院大学准教授。

※ご意見ご感想をお聞かせください。
antonobu@gmail.com

風の音に惹かれて　東日本大震災とドイツ放浪

発行日　平成28年6月29日　第1刷発行

著　者　紙屋　信義

発行者　高田　城

発行所　自分流文庫（㈱表現技術開発センター）

〒101-0052 千代田区神田小川町3-10

Tel 03-3296-1090　Fax 03-3296-1092

E-mail: info@jibunryu.com

印刷　㈱シナノパブリッシングプレス

落丁・乱丁はお取り替えいたします。

ISBN978-4-938835-63-7